Edward Austin Sheldon

The Graded Speller

Arranged in Six Steps

Edward Austin Sheldon

The Graded Speller
Arranged in Six Steps

ISBN/EAN: 9783337779214

Printed in Europe, USA, Canada, Australia, Japan

Cover: Foto ©Thomas Meinert / pixelio.de

More available books at **www.hansebooks.com**

THE

GRADED SPELLER.

ARRANGED IN SIX STEPS.

BY

E. A. SHELDON, A. M., Ph. D.,

PRINCIPAL OF OSWEGO STATE NORMAL AND TRAINING SCHOOL, AUTHOR OF " SHELDON'S
READERS," " READING CHARTS," " PRIMARY SPELLER," " TEACHER'S MANUAL
OF INSTRUCTION IN READING," " MANUAL OF ELEMENTARY INSTRUCTION,"
AND " LESSONS ON OBJECTS."

NEW YORK ·:· CINCINNATI ·:· CHICAGO

AMERICAN BOOK COMPANY

PREFACE.

IF teachers will follow the instructions given in the Manual, I shall have no occasion to regret the preparation of this book; but if it is used as such books may be used, it would have been better not to add another to the many facilities now afforded teachers for tne thoughtless oral spelling of columns of words.

It is a great convenience to the teacher to have groups of words arranged with reference to their orthographical peculiarities; but the teacher who simply pronounces these words, with no discussion or application of their meaning or use, comes very far short of his duty in the spelling recitation.

The pupil should first get the idea which the word represents, then associate the idea with the word, and lastly, write the word. This requires the most careful and critical examination of the spelling lesson on the part of the teacher, without which, it is not possible to attain the highest success in teaching children to spell.

I have not attempted to indicate the number of words that shall be taken up at a lesson. No one can know this so well as the teacher.

The words are arranged in long columns as a matter of economy. They are first grouped with reference to the vowel element in the accented syllable. In the reviews, a different classification is adopted, still based on orthographical peculiarities, but the words are so arranged as to break up the former association, and thus test the pupil's ability to spell them, independent of their classification.

I have omitted all rules for spelling as being cumbersome, confusing, and unreliable. Any person who would spell well, must form the *habit* of spelling correctly, so that, without reflection, he will be able to write rapidly and correctly. This can only be acquired by writing words over and over again, until, from mere habit, he writes them correctly. With this view, it is important that the words should be correctly written from the very first.

The proper pronunciation of the words is determined, for the most part, by the accent and the classification.

If the accent is on any other than the first syllable it is indicated by the usual mark.

In the more advanced review lessons, the ability to syllabicate and pronounce correctly is tested, — a point to which the teacher should give careful attention.

It will be observed that the book is arranged in six parts, and, in a graded school, may cover as many years, beginning with the intermediate department.

With rare exceptions, I have taken Webster as authority in spelling, syllabication, and pronunciation. In a few instances, however, I have adopted the preference of Worcester rather than that of Webster, where it is plainly more in accordance with general usage.

E. A. S.

Oswego, *September*, 1877.

GRADED SPELLER.

FIRST STEP.

The sound represented by ē as heard in *mēte*, expressed by

e	breach	heat	peat	team
cede	cease	heath	plea	tweak
de ist	cheat	heave	plead	veal
eke	clean	heaves	reach	weal
ne gro	cleat	knead	ream	wean
scheme	cleave	leach	rear	wreak
sphere	creak	leak	screak	wreath
theme	cream	lean	seal	wreathe
ve to	crease	lease	seam	zeal
ze bra	drear	least	sear	*ee*
ea	ease	leaves	seat	beech
beach	eaves	mead	sheaf	beef
beam	feat	mean	sheath	beer
bean	flea	meat	squeak	beet
bleach	freak	neap	steal	breech
bleak	gear	neat	steam	breed
blear	heal	peak	streak	breeze
bleat	heap	peal	teal	cheer

creed	lees	sheer	veer	grieve
creep	leech	sleek	weed	mien
deer	leek	sleeve	ween	pier
fee	leer	speech	weep	pierce
flee	meed	spleen	wheel	shriek
fleece	need y	squeeze	wheeze	thieve
fleet	peel	steep	*ei*	tierce
greens	peer	street	ceil	*i*
greet	queer	teem	seize	pique
jeer	reel	teens	weird	*ey*
keel	screech	tee ter	*ie*	key
keen	seethe	thee	bier	*uay*
knee	sheen	tweeds	chief	quay

The sound represented by $\bar{a}$ as heard in *pale*, expressed by

a	brace	craze	grade	ma ple
a cre	brake	dace	hale	nape
a gue	braze	dame	haste	nave
ale	ca ble	date	hate	pace
a pex	ca lyx	fade	haze	page
bale	cape	fame	jade	pale
bane	cave	fane	knave	paste
base	crane	fate	la bel	pave
baste	crape	flake	la dle	phrase
bate	crate	flame	lathe	place
bathe	crave	gage	mace	plague

ra cer	ail	pail	vail	feint
rage	aim	pains	wail	neigh
rake	bail	paint	waive	reign
raze	bait	plait	*ay*	rein
sage	baize	quail	bray	reins
sale	blain	quaint	clay	skein
sane	braid	sail	flay	sleigh
scales	brain	saint	fray	veil
shave	flail	slain	gay	vein
space	frail	sprain	jay	weight
stale	gait	staid	nay	*ao*
swale	hail	strait	ray	gaol
vague	maid	strain	spray	*ey*
vane	mail	swain	sway	bey
wane	maim	taint	tray	*ea*
waste	main	trail	*ei*	break
ai	maize	trait	eight	jean
aid	paid	twain	feign	yea

The sound represented by *ă* as heard in *lăst,* expressed by

a	branch	chant	flask	hasp
aft	cast	clasp	gasp	lass
blast	chaff	draft	glance	mask

The sound represented by *â* as heard in *bâre,*[1] expressed by

a	care	fare	glare	pare
bare	dare	flare	hare	share

[1] For a discussion of this sound see *Manual of Reading.*

The sound represented by *ä* as heard in *fär*, expressed by

a	baa	carve	mar	*ea*
a jar'	bar	char	march	heart
alms	barb	chart	marl	hearth
arc	bard	farce	marsh	*au*
arch	barge	garb	mart	flaunt
arched	barque	harp	parch	gaunt
ark	bath	harsh	parse	haunt
arms	card	hart	psalm	launch
ar my	car go	jar	sparse	staunch
aẏ	carp	larch	wrath	vaunt

The sound represented by *û* as heard in *fûrl*, expressed by

u	curd	pur	surf	*o*
blur	cur ry	scurf y	surge	worm
bur	hur ry	slur	sur ly	worst
cur	knurl	spurn	tur nip	wort
curb	lurch	spurt	urge	worth

The sound represented by *ē* as heard in *tērm*,[1] expressed by

e	her	sperm	*ea*	*i*
berth	merge	stern	dearth	birch
clerk	pert	swerve	earth	birth
err	serf	verb	hearse	fir
fern	serge	verge	learn	flirt
germ	serve	yerk	yearn	gird

[1] See *Manual of Reading* for discussion of this sound.

kirk	quirk	shirt	squirm	twirl
mirth	shirk	smirk	squirt	whir

The sound represented by *ą* as heard in *fąll*, expressed by

a	waltz	pause	flaw	yawl
al so	wharf	sauce	hawk	yawn
al ter	*au*	taut	jaw	*ou*
balk	au ger	*aw*	law	be sought
calk	aught	awe	lawn	wrought
dwarf	cause	awl	maw	*o*
halt	daub	awn	pawn	chord
mall	faun	bawl	pshaw	corpse
pall	fraud	brawl	scrawl	form
scald	gauze	caw	spawn	gorge
sward	laud	craw	sprawl	scorn
swath	maul	dawn	squaw	shorts
thwart	naught	fawn	thaw	thorn

The sound represented by *ō* as heard in *lōne*, expressed by

o	choke	dole	fort	host
bo a	chore	dome	ghost	joke
bole	chose	dose	gore	jolt
boll	clothe	doze	grope	knoll
bolt	code	drone	gross	lobe
bo ny	core	folks	hone	loth
bore	cove	force	horde	mo lar
borne	co zy	ford	hose	mole

mope	shote	boar	loaves	roe
mote	sloth	cloak	moan	throe
node	so da	coarse	moat	woe
ode	so fa	coax	oar	*ou*
o dor	sol	foal	oath	bourn
o men	spoke	foam	roach	court
o ral	ston y	goad	roam	moult
ore	sword	goal	roan	mourn
o val	throne	groan	roar	*ow*
po et	troll	hoar	roast	flown
po ker	vot er	hoard	shoal	growth
poll	yolk	hoarse	soak	known
porch	yore	hoax	*oe*	row
pore	zone	loam	doe	sow
probe	*oa*	loan	floe	stow
scope	bloat	loathe	foe	tow

The sound represented by $\overline{oo}$ as heard in *food,* expressed by

oo	groom	moose	snooze	woof
bloom	hoop	moot	soothe	*ou*
boon	hoot	noose	stoop	route
boor	loom	ooze	swoon	sou
booth	loon	rood	swoop	soup
broom	loop	roof	troop	*ew*
coop	loose	shoo	whoop	brew
doom	moor	sloop	woo	crew

drew	strew	fruit	drupe	truce
grew	*ui*	*u*	prune	tru ly
screw	bruise	crude	ruse	*ue*
shrew	cruise	cruse	tru ant	true

The sound represented by ĭ as heard in *pĭn*, expressed by

i	diz zy	grit ty	lim ber	prince
bilge	fifth	hill y	lin en	prism
blink	fig ure	hilt	lisp	pris on
brig	filch	hinge	lit ter	quid
brim	fill	hiss	liv er	quilt
chill y	film	hitch	miff	quince
chintz	filth	in let	milch	rich es
cin der	finch	in ner	milk	rick
cliff	flinch	in sist'	mince	ridge
clinch	fling	in step	mist	riv er
clip per	flint	itch	niche	riv et
crimp	gild	jib	nit	scrimp
cringe	gill	jig	o mit'	scrip
crisp	gimp	kick	phiz	script
dif fer	gin	kim bo	pick le	shift
din	giv er	kin	pill	shiv er
dip per	grim	kin dle	pis til	shrill
disk	grin	kink	pis tol	shrimp
dit to	grip	knit	pith	shrink
dit ty	grit	lil y	pit y	sin ew

singe	squill	switch	twinge	wrist
sin gle	squint	thills	twist	writ
skid	stick y	thrill	twitch	*y*
skiff	stilt	tick le	whiff	lymph
skill	stin gy	tinge	width	lynx
skil let	stint	tin gle	wince	myth
sliv er	stitch	tink le	winch	nymph
sphinx	strict	tip ple	witch	rhythm
squib	Swiss	trill	withe	sylph

The sound represented by ĕ as heard in *mĕt*, expressed by

e	chest	elf	hedge	mel on
a bed'	clef	ell	helm	mesh
ac cept'	cleft	else	hemp	nest le
a men'	cress	emp ty	hence	ob ject'
beg gar	crest	en try	ho tel'	peb ble
belch	debt	e rect'	jel ly	ped al
bel fry	dense	ev er	jest	ped dle
belle	dredge	ex pect'	knell	pelf
blend	du et'	ex pel'	leg gin	pelt
blest	dwell	fence	length	pence
cel lar	ebb	fend	lens	pest
Celt	ech o	fes ter	lent	pet al
check	ed dy	fet ter	lep er	pet ty
cher ry	egg	fleck	lev el	phlegm
chess	el bow	gem	mel low	pledge

quell	sedge	tense	wren	cleanse
quench	sev er	tenth	wrench	deaf
quest	shelve	thence	wrest	dread
re cess'	shred	tress	wretch	health
re gret'	sketch	twelfth	yelk	stead
rel ic	sledge	wedge	yell	threat
retch	smelt	whelm	yelp	tread
scent	steppe	whence	*ea*	*ei*
sect	tempt	wreck	breast	heif er

The sound represented by *ă* as heard in *măt*, expressed by

a	at tic	ca nal'	cramp	gnat
add	ax le	can cer	dank	hack
ad der	badge	can dle	dash	hash
adz	bang	cash	drab	hatch
al um	bans	cat tle	fact	have
an gry	batch	champ	fag	jack
an tic	bat tle	chap	fang	jamb
apt	bland	clad	flange	knack
ar row	blank	clamp	flank	lack
ash es	bract	clan	flash	lag
as	brad	clank	gag	lamb
asp	brag	clap	gang	lank
as ter	brand	clash	gas	lash
at las	cab in	crab	gash	latch
at om	cac tus	crack	gnash	lax

manse	pang	scrag	tack	thwack
mash	plash	shank	tact	twang
match	rash	slack	tax	valve
nab	sac	slash	thatch	wax
pack	samp	spasm	thrash	wrap

The sound represented by ŏ as heard in *nŏt*, expressed by

o	com et	fox	loll	slop
blotch	cop y	grog	mosque	sol id
bond	cop per	grot	notch	solve
bon net	copse	hob ble	odd	stock
botch	cos set	hob by	pock et	strop
both er	crock	hock	pop py	top ple
bots	crop	hov el	prompt	tot ter
bot tle	crotch	job	rhomb	a
box er	dock	jog	rob ber	quash
chop	dodge	jog gle	rock er	squab
clod	dol lar	jol ly	rock et	squad
clot	don	jos tle	rock y	squash
cob ble	drop sy	jot	ros in	squat
cod	fob	knob	rot ten	swab
cogs	fol ly	knot	Scotch	yacht
col ic	font	lock	shock	ou
col lar	fop	lodge	shop	lough

The sound represented by ŭ as heard in *nŭt*, expressed by

u	blunt	brunt	buck et	budg et
bluff	blush	brush	buck le	buff

bulb	cut ter	husk y	rud der	tus sle
bulge	drudge	judge	ruf fle	ul cer
bulk	duct	junk	rus set	wrung
bump	dumps	luck y	shrub	*o*
bunch	flush	lunge	shrug	bomb
bung	fund	muck	shuck	cov er
bunk	fuss y	mulch	skulk	dove
bus tle	fuzz	mumps	skull	monk
butt	gruff	munch	slump	month
but ter	grum	null	snuff	on ion
club	grunt	numb	stunt	ov en
clum sy	gulf	pluck	thrum	slov en
clung	gul ly	plush	thrush	*oo*
clutch	gush	pulse	truck	blood y
crush	gut ter	punch	trudge	flood
crust y	huff	pup py	truss	*ou*
cut let	hush	rub ber	tusk	slough

The sound represented by *ŏ* as heard in *crŏss*,[1] expressed by

o	cof fin	flor id	log wood	off set
ac cost′	cor al	for age	mor al	soft en
a loft′	cost ly	for est	mor row	sor rel
be gone′	doff	fosse	moss y	thong
be troth′	dog ged	hor rid	of fer	tor rent
boss	dross	lof ty	of fice	tor rid

[1] For discussion of this sound, see *Manual of Reading.*

The sound represented by ĭ as heard in *pīne*, expressed by

i	five	pike	stride	*ie*
Bi ble	gi ant	plight	strife	be lie'
bight	gibe	price	swine	fie
bile	grime	quire	thigh	hie
bind	high	rice	thrice	vie
blight	i cy	rife	thrive	*y*
blithe	i dly	right	ti dy	lyre
bribe	i dol	rime	ti ger	rhyme
bride	ire	rind	tine	scythe
bri er	i ron	ri ot	ti ny	spry
brine	i vy	rite	tithe	sty
chide	knife	rise	trice	style
chine	knight	shire	tri o	thyme
choir	li ar	shrine	tripe	try
ci der	lights	sigh	trite	type
cite	li on	sight	vi al	wry
climb	lithe	sign	vice	*ye*
crime	lives	sire	vi ol	dye
dice	might	site	vi per	lye
di et	mire	slice	vise	rye
dine	mite	slight	wight	*uy*
dire	nice	spile	wile	buy
div er	nigh	splice	wine	guy
fif er	night	sprite	wright	*ai*
fight	ninth	squire	writhe	aisle

The sound represented by *ou* as heard in *out*, expressed by

ou	douse	lounge	scout	trout
blouse	drought	mouse	shroud	vouch
bough	flounce	mouth	slouch	*ow*
bounce	flour	noun	slough	bow
bound	flout	pouch	souse	browse
bout	foul	pounce	spouse	drowse
clout	grouse	pout	spout	mow
couch	hound	rouse	touse	prow
doubt	hour	rout	trounce	sow

REVIEW LESSONS.

Words Beginning with Two Consonants.

bl	blotch	brawl	brine	clash
blain	blues	bray	brink	clasp
bleach	bluff	braze	brogue	clay
bleak	blur	breast	bruise	clean
blear	blurt	breach	brunt	cleanse
blend	*br*	breed	brush	cleat
blight	brace	breeze	*cl*	cleave
blink	bract	brew	claim	clef
blithe	braid	bribe	clamp	clerk
bloat	brain	bride	clank	cliff
bloom	brave	brig	clap	clinch

cloak	crisp	fleck	gross	sparse
clod	crotch	fleece	grot	spasm
clot	*dr*	fleet	grouse	spawn
clothe	drab	fling	grown	speech
cloy	draft	flint	gruff	sperm
clump	drape	flirt	grum	spew
clung	dread	flood	*sc*	spile
clutch	drear	flout	scald	spouse
cr	dredge	flown	scape	spout
crack	drew	fluke	scorn	spurn
cram	drift	flume	Scotch	spurt
cramp	drone	flush	scout	spy
crape	drought	*gr*	scurf	*sw*
crate	drowse	grade	scythe	swab
crave	drudge	greens	*sl*	swap
craw	*fl*	greet	slack	sward
craze	flail	grew	slain	swath
creak	flake	grim	slake	swine
cream	flame	grime	slash	swipe
crease	flange	grin	sledge	*st*
creeds	flank	grip	sloth	staid
creep	flare	grit	slouch	stale
crew	flash	groan	slump	stead
crime	flask	grog	slur	steam
crimp	flaw	groove	*sp*	steep
cringe	flay	grope	space	stilt

stint	*tr*	trance	tripe	trout
stitch	trail	tray	trite	truce
stoat	traipse	tread	troll	trudge
stunt	trait	trick	troop	true
sty	tramp	trill	trounce	truss

Words Beginning with Three Consonants.

scr	*shr*	shroud	spray	stride
scrag	shred	shrub	spring	strife
scrawl	shrew	shrug	sprite	strut
screak	shriek	*spl*	sprout	*thr*
screech	shrift	spleen	spry	threat
screw	shrill	splice	*str*	thrill
scrimp	shrimp	*spr*	streak	thrive
scrip	shrine	sprain	strew	thrum
script	shrink	sprawl	strict	thrush

Words Ending with Three Consonants.

lch	haunch	birch	*tch*	latch
milch	launch	church	batch	match
mulch	munch	larch	botch	notch
nch	punch	lurch	fetch	sketch
blanch	staunch	march	fitch	switch
bunch	winch	parch	hatch	thatch
finch	*rch*	porch	hitch	twitch
flinch	arch	starch	itch	witch

rsh	*lth*	*nth*	*rth*	hearth
harsh	filth	ninth	birth	mirth
marsh	health	tenth	dearth	worth

Words ending with Silent e.

a gue	dire	hoarse	pounce	souse
badge	dodge	huge	prate	squeeze
bane	douse	judge	probe	swerve
base	duke	lease	prune	swore
baste	eke	lithe	pulse	tense
bathe	else	lodge	quake	tierce
be lie'	farce	lure	quire	tinge
bilge	fence	lute	ridge	tithe
bounce	fie	lyre	rife	touse
bulge	fosse	manse	rouse	twinge
cause	fuse	merge	route	type
cease	gauze	mince	sauce	urge
cede	glance	moose	sedge	vålve
coarse	glare	mouse	seethe	verge
copse	gorge	niche	serve	vie
corpse	have	noose	singe	wedge
cure	hearse	parse	sire	wheeze
dace	heave	pence	sleeve	wile
dense	hedge	pierce	snooze	wince
dice	hence	pike	solve	withe
dine	hinge	poise	soothe	wreathe

Words Liable to be Misspelled not included in previous Review Lists.

aught	knurl	plight	sheath	whelm
bomb	lamb	prompt	sigh	wren
chief	mosque	psalm	sphere	wrench
chintz	naught	pshaw	sphinx	wright
chord	neigh	quash	sylph	wrist
debt	numb	quirk	theirs	writ
doubt	nymph	queen	thief	writhe
gnash	phiz	quoit	thwack	wrought
gnat	phlegm	rhomb	thwart	yacht
gnu	phrase	rhyme	twelfth	yawl
knack	plague	rogue	vague	yawn
knob	plea	ruse	view	yearn
know	pledge	rhythm	weird	yield

Words pronounced alike but spelled differently.

ail, to be ill.
ale, strong beer.
air, the atmosphere.
heir, one who inherits.
aisle, a passage in a church.
isle, an island.
all, the whole.
awl, a shoemaker's tool.
arc, part of a circle.
ark, a boat; a chest.
aught, anything.

ought, in duty bound.
bail, surety for another.
bale, a bundle of goods.
bait, a lure for fish.
bate, to lessen.
ball, any round body.
bawl, to cry aloud.
bare, not covered.
bear, a quadruped.
bark, the noise made by a dog.
barque, a three-masted ship.

beat, to strike.
beet, a vegetable.
beach, a shore.
beech, a kind of tree.
beer, malt liquor.
bier, a frame for carrying the dead.
bell, for ringing.
belle, a gay young lady.
bight, a coil of rope; a bay.
bite, to seize with the teeth.
berth, a sleeping-place in a ship or car.
birth, being born.
boar, a male swine.
bore, to make holes.
bole, the stem of a tree.
boll, the pod of some plants.
bowl, a kind of dish.
borne, carried.
bourn, a bound or limit.
bough, a branch.
bow, an act of courtesy.
brake, an instrument.
break, to sever.
bruise, to hurt.
brews, does brew.
but, except.
butt, a large cask.
buy, to purchase.
by, near.

bye, a station in certain games.
cede, to give up.
seed, grain.
ceil, to cover the upper part of a room.
seal, an engraved stamp.
cent, a coin.
scent, to chase by smell.
sent, did send.
choir, a company of singers.
quire, twenty-four sheets of paper.
cite, to summon.
sight, vision.
site, a situation.
core, the inner part.
corps, a body of men.
creak, to make a noise.
creek, a small stream.
dear, of great value.
deer, an animal.
dye, to change color.
die, to become lifeless.
doe, a female deer.
dough, paste for baking.
done, finished.
dun, a color.
draft, a bill of exchange.
draught, a drink.
drupe, a kind of fruit.
droop, to hang down.

eight, a number.

ate, did eat.

fane, a temple.

fain, eager, gladly.

feign, to pretend.

faint, feeble.

feint, pretense.

fare, food; price of convey-
ance.

fair, beautiful; an exhibit.

fawn, a young deer.

faun, a fabled god.

feet, parts of the body.

feat, an exploit.

flea, an insect.

flee, to escape.

floe, a field of floating ice.

flow, to glide smoothly.

flour, finely ground meal.

flower, a blossom.

foul, not clean.

fowl, a bird.

gait, manner of walking.

gate, a means of entrance.

gibe, to speak sneeringly.

jibe, to shift a sail.

gild, to cover with gold.

guild, a society.

gnu, an animal.

new, not old.

hail, frozen rain.

hale, strong, healthy.

hair, of the head.

hare, an animal.

hart, an animal.

heart, the seat of life.

hie, to hasten.

high, elevated.

hoard, a store; to gather.

horde, a wandering tribe.

hock, a light wine.

hough, a part of the leg.

hour, sixty minutes.

our, belonging to us.

jam, preserved fruit.

jamb, the side piece of a door.

knead, to work dough.

need, want; to require.

knight, title of honor.

night, time of darkness.

knit, to weave with needles.

nit, the egg of an insect.

knot, a tie.

not, a word expressing denial.

lac, a kind of gum.

lack, to want.

leak, to let through, as water.

leek, a plant like an onion.

leave, to depart from.

lieve, willingly.

links, parts of a chain.

lynx, a wild animal.

loan, anything lent.
lone, solitary.
lock, anything that fastens.
loch, a lake.
made, finished.
maid, an unmarried woman.
mail, a bag of letters.
male, the masculine kind.
main, principal, chief.
mane, a part of some animals.
maize, Indian corn.
maze, an intricate place.
mead, a drink made of honey.
meed, reward.
mean, low ; to intend.
mien, look ; manner.
meat, animal food.
meet, to come together.
might, strength ; power.
mite, a small sum ; an insect.
moat, a deep ditch.
mote, a small particle.
nave, middle part of a wheel.
knave, a rogue.
nay, no ; not.
neigh, sound made by a horse.
oar, for rowing.
ore, unrefined metal.
ode, a short poem.
owed, did owe.
pains, aches.

panes, squares of glass.
pale, white ; wan.
pail, a wooden vessel.
pair, a couple.
pare, to cut thinly.
pear, a fruit.
pause, to stop ; a cessation.
paws, feet of an animal.
peak, a point ; the top.
pique, to give offence.
peal, a loud sound.
peel, rind or skin of fruit.
peer, an equal ; a nobleman.
pier, the support of a bridge.
plait, to fold ; to braid.
plate, a shallow dish.
pore, an opening; to study closely.
pour, to turn out, as water.
rain, water from the clouds.
reign, to rule, as a king.
rein, part of a harness.
raise, to lift up.
raze, to level with the ground
rays, beams of light.
rap, to strike quickly.
wrap, to fold around.
rest, quiet, cessation.
wrest, to take away violently.
retch, to strain, as in vomiting.
wretch, a miserable person.

rice, a kind of grain.
rise, the act of rising.
right, not wrong.
rite, a ceremony.
wright, a workman.
write, to express by letters.
roe, a female deer.
row, to move with oars.
rung, did ring.
wrung, extorted.
rye, a kind of grain.
wry, crooked.
sail, of a ship.
sale, act of selling.
scene, a view.
seine, a fishing net.
seen, beheld, observed.
scull, a small boat or oar.
skull, the bone of the head.
seam, a line of sewing.
seem, to appear.
sear, dry ; withered.
seer, a prophet.
sees, does see.
seize, to lay hold of.
serf, a kind of slave.
surf, swell of the sea.
serge, a kind of cloth.
surge, to swell, as waves.
shear, to clip or cut.
sheer, pure ; unmixed.

shoe, a covering for the foot.
shoo, begone ; away.
sign, a token.
sine, a line in geometry.
sleigh, a vehicle on runners.
slay, to kill.
sley, a weaver's reed.
slew, did slay.
slue, to turn about.
slow, not swift.
sloe, a berry ; a wild plum.
sole, the bottom of the foot.
sol, name of a note in music.
soul, the immortal part of man.
steal, to take by theft.
steel, refined and hardened
    iron.
steppe, an elevated plain.
step, a pace.
stile, steps over a fence.
style, manner of writing.
straight, right ; direct.
strait, a narrow passage.
tact, skill.
tacked, fastened by tacks.
taut, tightly drawn.
taught, did teach.
team, a span, as of horses.
teem, to be full of.
time, a measure of duration.
thyme, a kind of plant.

throe, extreme pain.
throw, to cast; to fling.
throne, a royal seat.
thrown, hurled; flung.
toe, a part of the foot.
tow, the coarse part of flax.
vale, a valley.
veil, a covering for the face.
vain, conceited, false.
vane, a weathercock.
vein, a blood-vessel.
vice, a defect; a fault.
vise, an instrument for griping things.

wail, to lament.
wale, part of a ship
wain, a kind of wagon.
wane, to grow less.
waist, the middle part of the body.
waste, to destroy.
waive, to relinquish.
wave, of the sea.
way, a road; a manner.
weigh, to find the weight.
wait, to stay.
weight, that which anything weighs.

Words spelled alike but pronounced differently.

a buse', bad treatment.
a buse' (z), to injure.
browse, shrubs or twigs.
browse (z), to feed on twigs.
close, shut fast.
close (z), to shut.
cruise, a small bottle.
cruise (z), to sail; a voyage.
does (duz), Ann does well.
does (dōs), plural of doe.
gill, the fourth of a pint.
gill, as of a fish.
live, to have life.
live, having life.

mouse, a small quadruped.
mouse (z), to catch mice.
mouth, the opening between the lips.
mouth, to speak affectedly.
ob ject', to oppose in words.
ob ject, the thing sought.
off set, a sprout.
off set', to set off.
rise, an ascent.
rise (z), to get up.
slough, a miry place.
slough (slŭf), to cast off a skin.

Different modes of spelling the same words.

adz	chops	gage	moult	stent
adze	chaps	gauge	molt	stoop
ax	choir	gaol	nought	stoup
axe	quire	jail	naught	straight
ay	cleft	gear	pleat	strait
aye	clift	geer .	plait	strap
balk	cloak	hock	pur	strop
baulk	cloke	hough	purr	swap
bark	copse	hoop	sac	swop
barque	cop pice	whoop	sack	swol len
blessed	co sy	keg	sacque	swol en
blest	co zy	cag	shoat	thresh
blouse	cur ry	key	shote	thrash
blowse	cur rie	quay	skain	troop
bourne	dent	leech	skein	troupe
bourn	dint	leach	smelt	vail
bri er	disk	loth	smelled	veil
bri ar	disc	loath	spright	whir
bur	draft	lye	sprite	whur
burr	draught	ley	spirt	woe
calk	elf	mall	spurt	wo
caulk	elve	maul	staunch	yelk
caw	font	mold	stanch	yolk
kaw	fount	mould	stint	

NAMES OF PERSONS.

Males.			*Females.*	
Aa ron	Da vid	Jes se	A da	Eve
A bel	Den nis	Jo ab	Ag nes	Fan ny
Ab ner	Dex ter	Job	Al ice	Flo ra
A bram	Ed gar	Jo el	A my	Grace
Ad am	Ed mund	Jo nah	Ann	Hel en
A din	Ed win	Jo nas	An na	I da
Al bert	Eg bert	Ju dah	Blanch	I nez
Al fred	El bert	Le vi	Bridg et	I re' ne
Al len	E nos	Lew is	Ce li a	Jane
Al mon	E sau	Luke	Clar a	Ja net'
Al vah	Ez ra	Lu ther	Co ra	Jean
Al vin	Frank	Mark	De li a	Jo an
A mos	Giles	Mar tin	Di nah	Joyce
An drew	Guy	Miles	Do ra	Lau ra
Ar thur	He man	Neal	Dor cas	Lil ly
A sa	Hen ry	Os car	E dith	Lo is
Aus tin	Her bert	Ow en	Ed na	Lou ise'
Ca leb	Hugh	Paul	El la	Lu cy
Ce cil	Hu go	Pe ter	El len	Ma bel
Clar ence	I saac	Phil ip	Em ma	Ma ry
Claude	Ja bez	Ralph	Es ther	Maud
Cy rus	Ja cob	Saul	E va	May
	Ja red	Seth		Sa ra

SECOND STEP.

The sound represented by *ē* as heard in *mēte*, expressed by

e	be reave′	fear ful	year ly
be som	be speak′	greas y	*ee*
com plete′	bo hea′	hea then	bee-bread
de cent	breach y	in crease′	beech en
ex treme′	breath ing	leaf let	beef steak
fe male	cheap en	league	bees-wax
fre quent	cheap ness	leak y	bee tle
le ver	clear ing	mea ger	be seech′
ne gress	cleav er	mean ness	boot ee′
que ry	creak ing	mea sles	can teen′
ra ceme′	cream y	neat ness	cheer ful
re gion .	creat ure	peace ful	cheer y
re tail	dea con	reap er	de gree′
spe cie	dis ease′	re treat′	deep en
ea	ea gle	sea son	fee ble
ap pear′	ea glet	teach er	flee cy
bea con	ear-ring	tea sel	fleet ness
beard ed	ea sel	trea ty	free dom
beast ly	east ern	wea ry	greed y
beat en	en treat′	wea sel	keep sake

knee pan	seed y	steel yard	trust ee'
nee dle	set tee'	stee ple	twee zers
need less	sheep ish	sweet ish	weed y

The sound represented by *ā* as heard in *pale*, expressed by

a	brake man	em brace'	la ver
a bate'	bra sier	en rage'	ma jor
ach ing	bra vo	en slave'	mak er
a corn	bra zen	es cape'	man ger
a gent	cam bric	ex change'	ma tron
A pril	cane brake	fac ing	ma zy
a wake'	ca per	fa tal	na bob
ba con	ca ret	fa vor	na dir
bak ing	case ment	flam ing	na ked
base less	case mate	fla vor	na sal
base ment	cas ing	for gave'	na tion
ba sis	ca ter	for sake'	na tive
be came'	chas ten	ga ble	nat ure
be have'	cra ter	glaz ing	o paque'
be late'	cra ven	gra vy	pa cer
be rate'	cra zy	has ten	pa gan
be take'	de face'	hate ful	pa rade'
blame less	de range'	ha zel	pas try
bla zon	dis grace'	ha zy	pa tient
block ade'	dis place'	la bor	pro fane'
brace let	dra per	la va	Quak er

ra tion	*ai*	dai sy	paint er
ra ven	ab stain'	de claim'	prai rie
ra zor	aim less	de tain'	prais es
sa ble	at tain'	ex plain'	rai ment
sa go	a vail'	faint ness	rain y
scrap er	a wait'	faith ful	rai sin
Shak er	be wail'	gai ter	re tail'
shav er	com plain'	jail er	re tain'
sta men	con tain'	maid en	strain er
ta per	dai ly	main sail	tai lor
va cant	dain ty	ob tain'	trai tor

The sound represented by *à* as heard in *làst,* expressed by

a	branch y	caste	cast or
ad vance'	brass y	cast ing	chaff y
a las'	cask et	cas tle	raft er

The sound represented by *â* as heard in *bâre,*[1] expressed by

a	be ware'	glar ing	scarce ly
a ware'	care ful	par ent	spare-rib
bare foot	dar ing	pre pare'	spar ing

The sound represented by *ä* as heard in *fär,* expressed by

a	ar gue	balm y	ba zaar'
arch er	ar mor	bar ber	be half'
arc tic	art ful	bar ley	calm ly

[1] For a discussion of this sound see *Manual of Reading.*

car bon	farm er	har ness	mar vel
car cass	fath er	hur ra'	pars nip
car mine	fore-arm'	jar gon	par ty
car nal	gar gle	jar ring	re gard'
cart age	gar lic	lard er	scar let
cart er	gar ner	mar gin	sharp en
charg er	gar ter	mar shal	spark le
char ter	har bor	mar ten	star ry
ci gar'	hard y	mar tin	start le
dark en	harm ful	mar tyr	tar get

The sound represented by *û* as heard in *fûrl*, expressed by

u	burn ish	hurt ful	sur geon
bur dock	cur dle	knurl y	sur name
bur gess	fur long	mur der	Thurs day
bur glar	fur nace	oc cur'	tur ban
bur ly	fur ry	sur face	tur key
burn ing	fur ther	sur feit	tur nip

The sound represented by *ẽ* as heard in *tẽrm*,[1] expressed by

e	cer tain	di vert'	nerv ous
as sert'	cler gy	ex ert'	ob serve'
a stern'	con verse'	her mit	pre serve'
a ver'	con vert'	ker chief	re fer'
a verse'	de fer'	ker nel	ser mon
a vert'	des sert'	mer cy	ser pent

[1] For a discussion of this sound see *Manual of Reading.*

The sound represented by ạ as heard in *fạll*, expressed by

a	*au*	haugh ty	horn y
al tar	auc tion	lau rel	lord ly
ap pall'	au dit	pau per	morn ing
a ward'	Au gust	sau cer	mor sel
bal sam	au thor	sau sage	mor tal
be fall'	cau cus	*o*	mor tar
̣alk er	cau dal	ab sorb'	or chard
chalk y	cau tion	a dorn'	or gan
pal sy	daub er	cor set	per form'
·pal try	fau cet	for ty	tor pid
quar ter	gaud y	frost y	tort ure

The sound represented by ō as heard in *lōne*, expressed by

o	cho rus	dole ful	ghost ly
a bode'	chos en	do nate	glo ry
a dore'	clos ing	do nor	gro cer
af ford'	co lon	drov er	hol lo'
a tone'	col ter	en close'	host ess
bold ness	con trol'	en roll'	im port'
bol ster	co ny	ex port'	lo cal
bolt er	cro cus	flo ral	lo ca te
bo nus	cro ny	fold er	lo cust
bo rax·	de pot'	fore-arm	lone some
bo vine	de vote'	fore man	mop ish
bro ker	dis pose'	fore noon	mo tion

no bly	port al	ro dent	stor age
not ed	por tion	rop y	stroll er
no tice	port ly	smok er	to ken
no tion	pos er	smok y	to per
op pose′	post age	sol dier	to tal
port age	pro file	stol en	to wards

The sound represented by o͞o as heard in *food*, expressed by

oo	boot y	hal loo′	poo dle
bam boo′	cool er	loose ly	roost er
boo by	coop er	loos en	sa loon′
boom ing	fes toon′	moor ing	spit toon′
boot less	gal loon′	pon toon′	woo er

The sound represented by ĭ as heard in *pĭn*, expressed by

i	bick er	brick bat	chris ten
a bridge′	bid den	brick-kiln	Chris tian
af fix′	bid ding	brim ful	Christ mas
af flict′	big ness	brim ming	clink er
a kin′	bil let	brim stone	clip ping
a miss′	bill ion	brin dled	com mit′
as sist′	bis cuit	bris tle	con vince′
be dim′	bish op	Brit ish	crink le
be fit′	bit ten	Brit on	dib ble
be think′	bit tern	chil blain	dick y
be witch′	bit ters	chir rup	dic tate
bib ber	bliss ful	chit chat	dig it

dim ness	gin ger	lin net	nim ble
dis cord	giz zard	lin seed	nin ny
dis mal	glim mer	lin tel	nip pers
dis miss'	glit ter	liq uid	per mit'
dis tant	gris tle	liq uor	per sist'
dis trict	griz zly	list en	pick et
dit ty	hic cough	list less	pig eon
drib blet	hill ock	liv ing	pil fer
drink er	In dian	mid dling	pil lar
drip pings	in mate	mid land	pim ple
driz zle	in most	mid night	pinch ers
driz zly	in stant	mid riff	pip pin
dwin dle	in sult	mil dew	pis ton
e clipse'	isth mus	mill-dam	piv ot
en list'	jin gle	mill er	prick le
en rich'	kid nap	mil let	prig gish
fid dle	kin dred	mim ic	prim er
fif teen	king dom	min gle	prim ly
fil bert	kins man	min now	prim rose
flint y	kip skin	mis tress	prince ly
for bid'	lim it	mist y	prin cess
for give'	lim pid	mit ten	print er
frit ter	limp sy	mixt ure	priv et
gib bet	linch pin	miz zen	quib ble
gig gle	lin den	nick name	quiv er
gild ing	lin ger	nig gard	re sist'

rib ald	sig nal	stil ly	trig ger
rib bon	silk en	sub mit'	trip le
rid dle	sil van	swim mer	trip ping
rig or	sim mer	swin dler	twink le
rig ging	sim per	thick en	twit ter
rig id	sin ew	thim ble	twit ting
ring let	sin ful	think er	vig il
rip ple	six pence	thin ner	vil la
rip pling	six teenth	this tly	whis key
ris en	skil let	thrift less	whis tle
scis sors	skill ful	thrill ing	whit tle
scrimp ing	skim mer	tick et	wil low
shift less	slip per	till age	win ner
shil ling	sniv el	tim brel	win now
shim mer	spin dle	tin gling	win try
shin gle	spin et	tink er	with er
ship ping	spin ning	tink ling	wit ness
ship wreck	spin ster	tin ner	wit ty
shriv el	spir it	tin ny	wrig gle
sib yl	spit tle	tin sel	wring er
sick le	sprink le	tip pler	wrink le
sift er	stig ma	trick le	writ ten

The sound represented by ĕ as heard in *mĕt*, expressed by

e	ac cent'	a dept'	a mend'
ab sent'	ad dress'	af fect'	an nex'

ap pend′	blem ish	crest ed	ex pense′
ar rest′	bless ed	crev ice	ex press′
as cend′	bless ing	debt or	ex tend′
as cent′	breth ren	de fense′	fer ment′
as sent′	bru nette′	de fend′	fore tell′
at tempt′	ca det′	den tal	freck le
a venge′	ce ment′	den tist	fresh et
beck on	cen ser	de pend′	hem lock
bed ding	cen sure	des ert	in tend′
be deck′	cen sus	di rect′	in tent′
bed lam	cen tral	dis pel′	in vent′
bed quilt	check er	dress y	jen ny
bed rid	cher ub	dwell ing	ken nel
bed room	chess-board	edg ing	la ment′
bed side	chest nut	edge wise	la pel′
bed stead	clev er	ef fort	lect ure
be get′	clev is	e lect′	leg ume
be held′	col lect′	else where	lem on
bell man	com mence′	em bers	length en
bel low	com mend′	en ter	med al
bel lows	con fess′	en trance	med dler
ber ry	con nect′	en vy	med ley
be set′	con sent′	es cort	mel on
bet ters	con tend′	e vent′	melt ing
bev el	cor rect′	ex ile	mem ber
bev y	cred it	ex pend′	men tion

mer it	pen knife	red dish	spell er
mesh y	pep per	ref uge	step ping
mes sage	per il	re ject'	swell ing
met al	per ish	rel ish	tell er
meth od	pes ter	rep tile	tem per
met tle	pes tle	re sent'	tem pest
mo lest'	pet rel	res in	tem ple
my self'	pet tish	rest less	tep id
neck lace	phlegm	rev el	tes ty
nec tar	pres ence	sell er	treb le
neg lect'	pre sent'	sel vage	trel lis
neph ew	press ure	sen na	trem ble
neth er	pre tense'	sense less	trench er
net ting	pro fess'	sen tence	tres tle
net tle	pro gress'	set ter	web bing
of fend'	pro ject'	set tler	wed ding
of fense'	pro pel'	sev enth	wed lock
op press'	quar tet'	shel ter	Wednes day
pel let	reb el	shep herd	west ern
pel vis	re bel'	sher ry	wreck er
pend ant	reck less	sled ding	wres tle
pend ent	reck on	speck led	yel low

The sound represented by ă as heard in *măt*, expressed by

a	ab sence	ac cent	ac tion
a back'	ab sent	act ing	act ive

act or	back side	bat ter	cap stan
act ress	back ward	bat ting	cap sule
a dapt′	bad ger	black ball	cap tion
ad dle	baf fle	black board	cap tive
ag ate	bag gage	black en	cap tor
al bum	bag pipe	black ish	capt ure
am ple	bal lad	black ness	car ol
am ply	bal last	black smith	catch ing
an chor	bal lot	blad der	catch up
an ger	band age	blank et	cat gut
an gle	band box	brack et	cat kin
an gling	ban dy	brack ish	cat nip
an guish	bank-bill	brag gart	cav ern
an them	bank ing	bram ble	chal lenge
an ther	ban ner	bran dish	chan nel
ant ler	ban quet	bran dy	chap el
an vil	ban tam	cab bage	chap ter
apt ly	ban ter	cal lus	chat ty
Ar ab	bap tism	cam phor	clan nish
Ar a bic	Bap tist	can cel	clap board
ar id	bar on	can did	clap per
at tach′	bar rack	can dor	clar et
at tack′	bar rel	can ker	clash ing
ax is	bar ren	can on	clat ter
bab ble	bar row	can ton	crab bed
bab bler	bash ful	can vas	crack er

crack le	fac tion	hand cuff	latch et
crag gy	fag ot	hand ful	lath er
cra vat′	fam ine	hand y	Lat in
dab ble	fath om	har row	lat ter
dab ster	fat ling	hatch el	lat tice
dag ger	fat ty	hatch et	lav ish
dal ly	flan nel	hatch way	mad den
dam age	flash y	hat ter	mad der
damp er	flat ten	jab ber	mag got
damp ness	flax en	jack al	mag pie
dam sel	frac tion	jack daw	mal ice
dam son	frank ly	jack knife	mal let
dan dle	flash y	jag gy	mal low
dan druff	gab ble	jan gle	mam mal
dan dy	gal lant	ja pan′	mam mon
dan gle	gal lon	jave lin	mam moth
dap ple	gal lop	knap sack	man gle
das tard	gal lows	lack ey	man go
daz zle	gam bler	lad der	man hood
de camp′	gam bol	lamb kin	man na
drab ble	gan der	lan cet	man ner
drag gle	gar ret	land mark	man sion
drag on	gi raffe′	lan guage	man tle
en trap′	glad den	lan guid	mar riage
ex act′	grav el	lan tern	mar row
ex tract′	hab it	las so	mar ry

mas tic	par ry	sal ad	stad dle
mas tiff	pas sage	salm on	stag ger
match lock	pat ter	sam ple	stam mer
mat ting	pat tern	san dal	stat ure
mat tress	plant ain	sand wich	strad dle
mo rass'	plat ter	sap id	strag gle
nap kin	prac tice	sap ling	sub tract'
nap py	prat tle	sap py	swag ger
nar rate	quag gy	satch el	tack le
nar row	rab ble	sav age	tal ly
pad dle	rack et	scab bard	tal on
pad lock	rad ish	scab by	tar ry
pal ace	rag ged	scaf fold	tat ter
pal ate	rap id	scam per	tat tler
pal lid	ras cal	scant y	tav ern
pam phlet	rat tan'	scat ter	tramp er
pan el	rat tling	scrab ble	val ley
pan ic	rav el	shad ow	val or
pan ther	rav en	shan ty	val ue
pan sy	Sab bath	smat ter	wrap per
par rot	sad dler	snap pish	Yan kee

The sound represented by ŏ as heard in *nŏt*, expressed by

o	block head	bod kin	bond age
a dopt'	blot ter	bog gle	bonds man
be got'	bod ice	bog gy	bon fire

bon ny	cot ton	hos tile	pol ish
cob bler	crotch ed	host ler	prod uct
cob web	dol phin	jock ey	prof it
cock le	don key	lob by	prog ress
col lege	flog ging	lob ster	proj ect
col umn	fol ly	lock et	prompt er
com bat	fond le	loz enge	proph et
com ma	fore head	mod ern	rhom bic
com mon	fos sil	mon arch	rhom boid
com mons	gob ble	mon ster	ros trum
con duct	gob bler	nod dle	Scot tish
con fine	gob let	nod dy	shop ping
con gress	gob lin	non sense	slob ber
con quer	gog gles	nos tril	slop py
con quest	gos ling	nov el	sog gy
con stant	gos sip	nov ice	sol der
con tract	grot to	nox ious	sot tish
con trast	grov el	noz zle	spot ted
con vict	hog gish	of fal	stop per
cos tume	hol ly	ol ive	trod den
cot tage	hol low	os trich	trot ter
cot ter	hon or	ot ter	vom it

The sound represented by *ŭ* as heard in *nŭt*, expressed by

u	ab rupt′	au gust′	blub ber
a dult′	ad just′	be numb′	blud geon

blun der	crům ple	gum my	mum ble
blunt ly	cud dle	hub bub	mum my
blush ing	cud gel	hud dle	mump ish
blus ter	cup ping	huff y	mus cle
brush y	cus tard	hum bly	mush room
bub ble	cus tom	hum bug	musk y
buck wheat	cut ler	hun ger	mus lin
buf fet	cut throat	hunt er	mus ter
bug bear	cut ting	hus band	must y
bulb ous	dis gust'	in trust'	mut ter
bulk y	dis trust'	judg ment	mut ton
bum per	drug get	jug gler	muz zle
bump kin	drug gist	jum ble	num skull
bung hole	drum mer	junc tion	nut shell
bun gle	drunk ard	jun gle	ob struct'
bun gler	dull ness	jus tice	plun der
bun ion	dump y	just ly	pub lic
bunt ing	dun geon	lub ber	pub lish
bus tard	flut ter	lum ber	puck er
but ler	fum ble	lump y	pud dle
but ment	· fun gus	lust y	pum ice
buz zard	fun nel	mis trust'	pump kin
chuck le	fur row	mud dy	put ty
clut ter	gruff ly	muf fin	puz zle
con sult'	grum ble	muf fler	rud dy
crum ble	gul let	mug gy	ruf fian

rug ged	shud der	stub ble	sul tan
rum bling	shuf fle	stub born	sum mit
rum mage	shut ter	stub by	truck le
run ner	slug gard	stud y	tum bler
Rus sian	snuf fers	sub ject	tun nel
rus tle	snuf fle	suc cor	ud der
scuf fle	sput ter	suck le	um ber

The sound represented by *ī* as heard in *pīne*, expressed by

i	bap tize′	cap size′	fil ings
a bide′	be side′	ci on	fine ness
ac quire′	be stride′	ci pher	fir ing
ad mire′	be time′	cli mate	Fri day
ad vice′	bi as	com bine′	grind er
ad vise′	bind er	cri er	grind stone
a light′	bind ing	de file′	hind er
ap prise′	bi ped	de fine′	i bex
a rise′	bi son	de ride′	i bis
ar rive′	bi valve	de sign′	ice berg
as cribe′	blind fold	di vide′	ice-cream
as pire′	blind ness	di vine′	ire ful
as sign′	brid al	driv er	i ris
a stride′	bride maid	en quire′	i tem
at tire′	bright ness	en tire′	li cense
a while′	bri ny	en twine′	mi ca
back slide′	ca nine′	ex pire′	mi grate

min er	pil ing	ris ing	time ly
mi nor	prim ing	ri val	tri al
mi nus	pri or	sa line′	tri fle
nine teen	re cite′	shin y	twi light
nine ty	re cline′	smil ing	vile ly
o blige′	re sign′	spi cy	vin y
phi al	ri fle	swin ish	writ ing

The sound represented by *ū* as heard in *mūte*, expressed by

u	cu bic	ju ror	ob tuse′
a buse′	du el	ju ry	plu ral
ac cuse′	ex cuse′	ma nure′	pu pil
a cute′	flu id	ma ture′	sa lute′
a muse′	fu el	mi nute′	se cure′
as sume′	fu ry	mu cus	stu dent
blu ish	fu ture	mul ish	stu pid
bu gle	hu man	mu sic	tu ber

REVIEW LESSONS.

Words pronounced nearly or quite alike but spelled differently.

al ter, to change.
al tar, a place for sacrifices.
as cent′, motion upward.
as sent′, agreement.
au ger, an instrument.

au gur, to foretell.
cal lus, hardness of the skin.
cal lous, hardened.
can did, frank, open.
can died, changed to sugar.

can non, a large gun.

can on, a rule of doctrine.

can vas, a coarse cloth.

can vass, to search out.

cast, to throw.

caste, separate class of society.

cast or, a genus of animals.

cast er, a small wheel.

cau dal, pertaining to a tail.

cau dle, a kind of warm drink.

caul, a covering for the head.

call, to invite to come.

cens er, a pan in which incense is burned.

cen sor, one who censures.

cours er, a racer.

coars er, more coarse.

cull er, one who culls.

col or, as red, blue, yellow, etc.

colonel, a commander of a regiment.

ker nel, as of grain.

cur rent, a running stream.

cur rant, a small fruit.

die ing, ceasing to live.

dye ing, staining.

gro cer, a dealer in articles of food.

gross er, coarser.

man tle, a cloak.

man tel, an ornamental shelf.

med al, a coin given as a reward of merit.

med dle, to interfere officiously.

met al, gold, silver, iron, etc.

met tle, spirit, courage.

min er, one who digs for metal.

mi nor, one under a certain age.

mu cus, an animal fluid.

mu cous, slimy and lubricous.

pan el, as of a door.

pan nel, a kind of saddle.

ped al, part of a musical instrument.

ped dle, to carry about to sell.

sell er, one who sells.

cel lar, an underground room.

suck er, offshoot from a tree.

suc cor, to aid one in distress.

ta per, to grow smaller toward the end.

ta pir, an animal.

Words spelled alike but pronounced differently.

ab sent, not present.

ab sent', to withdraw.

ac cent', to express accent.

ac cent, marked force of voice.

Au gust, the eighth month.

au gust', grand.

bel lows (lus), an instrument for driving air through a tube.

bel lows, bawls, clamors.

col lect', to accumulate.

col lect, a short prayer for a particular day.

con duct, behavior.

con duct', to lead.

con fine', to keep close.

con fine, a bound, a border.

con tract', to draw together.

con tract, a formal bargain.

con trast, opposition of qualities.

con trast', to compare by difference of qualities.

con verse', to talk familiarly.

con verse, familiar talk.

con vert', to turn from one state to another.

con vert, one who is converted.

con vict', to prove guilty.

con vict, one who is convicted.

des ert, a wilderness.

de sert', to forsake.

es cort, an attendant, a guard.

es cort', to attend.

ex cuse' (z), to free from blame.

ex cuse', an apology.

ex port', to carry out of a country.

ex port, that which is exported.

ex tract', to draw out.

ex tract, that which is taken out.

fer ment, that which causes fermentation.

fer ment', to undergo fermentation.

fore-arm', to prepare for an attack before the time of need.

fore-arm, the part of the arm between the elbow and wrist.

fre quent', to visit often.

fre quent, occurring often.

gal lant, brave, gay.

gal lant', polite to ladies.

hin der, to prevent; to check.

hind er, relating to the rear of anything.

im port, that which is brought from another country.

im port', to bring in from abroad.

in crease, a gain; an addition.

in crease', to become greater.

in sult', to treat with insolence.

in sult, gross abuse.

low er (ō), to let down.

low er (ou), to threaten a storm.

min ute, the sixtieth of an hour.

mi nute', a very slight portion.

ob ject', to oppose with words.

ob ject, that to which the mind directs itself.

pres ent, a gift.

pre sent', to give; to show.

pro gress', to go forward.

prog ress, motion onwards.

pro ject', to throw forward; to plan.

proj ect, a plan.

rā ven, a kind of bird.

răv en, to eat greedily.

re bel', to resist lawful authority.

reb el, one who rebels.

re tail, sale by small quantities.

re tail', to sell in small quantities.

sew er, a drain.

sew er (ō), one who sews.

show er (ō), one who shows.

show er, a fall of rain of short duration.

sub ject, a citizen; a theme.

sub ject', to bring under rule.

Different ways of spelling the same word.

bau ble	cast er	clev is	co sy
baw ble	catch up	clev y	co sey
bowl der	cat sup	col ter	hic cough
boul der	cen ter	coul ter	hic cup
calk er	cen tre	ci on	hol loa'
caulk er	check er	sci on	hol lo'
cast or	cheq uer	co zy	hur ra'

hur rah′	mold	pre tence′	skill ful
jail or	mus cle	quar tet′	skil ful
gaol er	mus sel	quar tette′	sol der
jan ty	of fense′	rib bon	sod er
jaun ty	of fence′	rib and	sur name
mea gre	pars nip	rib band	sir name
mea ger	pars nep	sel vage	whis ky
mould	pre tense′	sel vedge	whis key

Words containing Silent Letters.

e final	as pire′	be have′	bu gle
a bate′	as sume′	be late′	bung hole
a bide′	a stride′	be rate′	bun gle
a bode′	a tone′	be reave′	car mine
ab sence	at tire′	be stride′	com mence′
ac quire′	a venge′	be take′	com plete′
act ive	a verse′	be time′	con vince′
a cute′	a ware′	bi valve	creat ure
ad dle	a while′	bog gle	crev ice
ad mire′	bab ble	bond age	crink le
a dore′	bag gage	bon fire	crum ple
ag ate	bag pipe	bo vine	cur dle
am ple	band age	bram ble	dab ble
an gle	bap tize′	brim stone	dan dle
ar gue	be came′	bru nette′	dap ple
ar rive′	bed side	bub ble	daz zle

de file′	ex treme′	jum ble	ol ive
de fine′	fam ine	jun gle	pad dle
de range′	fee ble	lect ure	pal ate
de ride′	fe male	lone some	pa rade′
de vote′	fid dle	loz enge	pas sage
dib ble	fond le	mag pie	pen knife
dic tate	for gave′	man gle	pes tle
dis pose′	for give′	ma nure′	pim ple
di vide′	for sake′	mar riage	port age
di vine′	freck le	ma ture′	post age
do nate	fum ble	mes sage	prac tice
drab ble	fut ure	mi grate	prai rie
drag gle	gab ble	min gle	prat tle
driz zle	ga ble	mixt ure	press ure
dwin dle	gar gle	mum ble	pre tense′
e clipse′	gig gle	muz zle	pro file
else where	gi raffe′	nar rate	pud dle
en quire′	gob ble	na tive	puz zle
en rage′	grind stone	nat ure	quib ble
en slave′	gris tle	nee dle	rab ble
en tire′	grum ble	net tle	ref uge
en twine′	hos tile	nim ble	rep tile
es cape′	hud dle	non sense	rid dle
ex ile	in mate	noz zle	ri fle
ex pense′	jan gle	o blige′	rip ple
ex pire′	jin gle	ob tuse′	rum mage

rus tle	trem ble	bad ger	bris tle
sa ble	tres tle	balm y	buck wheat
sa line′	tri fle	bare foot	bump kin
sa lute′	trip le	bar rack	cack le
sau sage	twink le	base less	calm ly
sav age	wrink le	base ment	cane brake
scuf fle	*Initial.*	beck on	care ful
shin gle	hon or	be deck′	care less
shuf fle	hos tler	be half′	case mate
snuf fle	knap sack	bick er	crack er
spark le	knurl y	black ball	crack le
spit tle	scis sors	black board	debt or
sprink le	wrap per	black en	dick y
stad dle	wreck er	black ish	de sign′
start le	wres tle	black ness	edg ing
stat ure	wrig gle	black smith	fine ness
stee ple	wring er	blame less	fore head
stor age	wrink le	block ade′	for eign
strad dle	writ ing	block head	fore man
strag gle	writ ten	brack et	fore noon
stub ble	*Intermediate.*	brack ish	fore tell′
sur name	a light′	brake man	ghost ly
tem ple	as sign′	brick bat	gog gles
thim ble	back side	brick-kiln	has ten
tort ure	back slide′	bride-maid	hate ful
treb le	back ward	bright ness	haugh ty

hem lock	lack ey	prick le	ship wreck
hill ock	lamb kin	puck er	sick le
ice berg	list en	rack et	speck led
ire ful	lock et	reck less	tack le
isth mus	loose ly	reck on	time ly
jack al	mid night	re sign'	trick le
jack daw	nick name	rhom bic	twi light
jack knife	nine teen	rhom boid	vile ly
jave lin	nine ty	salm on	vine yard
jock ey	pad lock	sense less	wed lock
judg ment	pick et	shep herd	Wednes day

Equivalent Consonants.

c like k	ca det'	cap tor	ca ter
a corn	cam bric	car bon	cat kin
ac tion	can dor	car cass	cat nip
act or	ca nine'	ca ret	cau cus
act ress	can ker	car nal	cau tion
af fect'	can ton	car ol	cav ern
af flict'	can vass	cart age	clap board
Ar a bic	ca per	cart er	clap per
arc tic	cap size'	cas ing	clash ing
as cribe'	cap stan	cask et	clan nish
bea con	cap sule	case ment	clat ter
bis cuit	cap tion	cast ing	cler gy
cab bage	cap tive	cas tle	cli mate

clink er	co ny	cus tom	pan ic
clip ping	cool er	cut ler	prod uct
clut ter	coop er	cut throat	pub lic
cob bler	cor rect′	cut ting	ras cal
cob web	cor set	dea con	re cline′
col lege	cot tage	de claim′	re ject′
co lon	cot ter	di rect′	scab bard
col umn	cot ton	dis cord	scab by
com bat	crab bed	dis trict	scaf fold
com bine′	crag gy	e lect′	scam per
com ma	cra ter	ex act′	scant y
com mend′	cra vat′	fac tion	scar let
com mit′	cra ven	frac tion	Scot tish
com mon	cra zy	gar lic	scrap er
com plain′	cred it	hand cuff	scrib ble
con fess′	crest ed	hic cough	se cure′
con gress	cri er	junc tion	sub tract′
con nect′	crink le	lo cal	suc cor
con quer	cro cus	lo cate	traf fic
con quest	cro ny	lo cust	va cant
con sent′	crum ble	mas tic	*c like s*
con stant	cu bic	mim ic	ad vance′
con sult′	cud dle	mi ca	ad vice′
con tain′	cud gel	nec tar	as cend′
con tend′	cup ping	neg lect′	bod ice
con trol′	cus tard	oc cur′	brace let

ce ment'	mer cy	an chor	clos ing
cens er	no tice	cho rus	dam sel
cen sure	nov ice	chris ten	dam son
cen sus	pa cer	Chris tian	des sert'
cen tral	pal ace	Christ mas	dis ease'
cer tain	peace ful	mon arch	dis mal
ci gar'	pinch ers	*ph like f*	drip pings
dan cer	pum ice	cam phor	ea sel
de cent	quin ces	ci pher	edge wise
de face'	ra ceme'	dol phin	em bers
de fence'	re cite'	neph ew	en close'
dis grace'	sau cer	pam phlet	ex cuse'
dis place'	sen tence	phi al	gos ling
em brace'	spi cy	phlegm	greas y
en trance	sur face	proph et	hus band
fac ing	*tch like ch*	*s like z*	kins man
fau cet	catch ing	ac cuse'	mea sles
flee cy	catch up	ad vise'	mu sic
fur nace	crotched	a muse'	mus lin
gro cer	hatched	a rise'	na sal
ice berg	hatch et	ap prise'	nip pers
jus tice	latch et	bap tism	ob serve'
lan cet	match lock	bees-wax	op pose'
lat tice	satch el	be som	pal sy
li cense	*ch like k*	bit ters	pan sy
mal ice	ach ing	bonds man	po ser

pres ence	prism	re sign′	tea sel
pre serve′	rai sin	re sist′	Thurs day
pre sent′	res in	ris en	to wards
prim rose	re sent′	ris ing	wea sel

NAMES OF PERSONS.

Males	Fe lix	Ja son	Or in
Al van	Fes tus	Jas per	Pome roy
Bald win	Fran cis	Ja van	Ran dal
Bap tist	Frank lin	Jus tin	Ray mond
Cal vin	Ga ius	Jus tus	Reu ben
Ce phas	Gar ret	La ban	Reyn old
Clem ent	Ger ald	Lam bert	Rich ard
Con rad	Ger man	Law rence	Rog er
Con stant	Gil bert	Li nus	Ro land
Den nis	Giv en	Lou is	Ru dolph
Don ald	God win	Mar cus	Ru fus
Dun can	Har old	Mer rick	Sal mon
Eb en	Her man	Mi cah	Sam son
El lis	Hi ram	Mor gan	Si las
E noch	Ho mer	Na hum	Si mon
E ric	Hor ace	Na than	Ste phen
Er nest	How ell	No ah	Stew art
E than	Hu bert	No el	Wal ter
Eu gene′	In crease	Nor man	War ren

Females	Flor ence	Jeanne	No ra
An nette'	Fran ces	Ju dith	Ol ive
Ber tha	Ger trude	Mar tha	Pa tience
Chlo e	Han nah	Mer cy	Phe be
Con stance	Hes ter	My ra	Pol ly
Eu nice	Hul dah	Nan cy	Ra chel

ABBREVIATIONS.

Days and Months.

Sun day . . . . . Sun.	March . . . . . Mar.
Mon day . . . . Mon.	A pril . . . . . Apr.
Tues day . . . . Tu.	June . . . . . . Jun.
Wednes day . . . Wed.	Ju ly' . . . . . . Jul.
Thurs day . . . . Thurs.	Au gust . . . . . Aug.
Fri day . . . . . Fri.	Sep tem' ber . . . Sept.
Sat ur day . . . . Sat.	Oc to' ber . . . . Oct.
Jan u a ry . . . . Jan.	No vem' ber . . . Nov.
Feb ru a ry . . . . Feb.	De cem' ber . . . . Dec.

Names of Persons.

Charles . . . . . Chas.	Sam u el . . . . . Sam.
Dan iel . . . . . Dan.	Thom as . . . . . Thos.
Ed ward . . . . . Edw.	Vir gil . . . . . Virg.
E liz' a beth . . . . Eliz.	Will iam . . . . . Wm.
James . . . . . . Jas.	George . . . . . Geo.
Jo seph . . . . . Jos.	Mat thew . . . . . Mat.
Josh u a . . . . . Josh.	Pe ter . . . . . . Pet.
John . . . . . . Jno.	Pat rick . . . . . Pat.
Rob ert . . . . . Robt.	Jul ia . . . . . . Jul.

THIRD STEP.

The sound represented by ē as heard in *mēte*, expressed by

e	per se vere'	hea then ish	lei sure
ad here'	pre mi um	peace a ble	re ceipt'
ad he' sive	re al ly	wea ri some	re ceive'
a re' na	scen er y	spear mint	*ie*
blas pheme'	schem er	*ee*	a piece'
ca the' dral	se cret ly	a gree' ment	be lief'
con ven' ient	the a tre	auc tion eer'	be liev' er
cre o sote	tor pe' do	can non eer'	be siege'
de cent ly	ze nith	ca reen'	chief ly
de i fy	*ea*	dis a gree'	chief tain
de i ty	ap peal'	gen teel' ly	re lief'
fe ver ish	ap pease'	greed i ly	*i*
fre quent ly	be smear'	pi o neer'	fa tigue'
i de' a	east er ly	sleep i ness	ma rine'
in ter fere'	eat a ble	*ei*	ob lique'
me di um	en treat' y	ceil ing	ra vine'
mu se' um	fear ful ly	de ceit'	*ui*
pe ri od	greas i ness	de ceit' ful	mos qui' to

The sound represented by ā as heard in *pāle*, expressed by

a	an cient ly	a re a	a wak' en
a gen cy	a pri cot	ar range'	ba by ish
an cient	ar cade'	a the ist	bak er y

bass-vi ol	e qua' tor	ra di ance	bay o net
be hav' ior	flir ta' tion	sal a ble	be tray' al
be lat' ed	for ma' tion	ser e nade'	de cay'
blam a ble	for sak' en	tam a ble	dis may'
blaz ing	foun da' tion	to ma' to	dis play'
bra va' do	fra grant	va can cy	gay ly
brav er y	grace ful ly	va ca' tion	hay-mow
bri gade'	gran ger	vo ca' tion	hay-rick
bro cade'	grap er y	vol ca' no	lay man
can non ade'	has ti ly	*ai*	may or
ca pa ble	ha zi ness	ar raign'	pay a ble
car na' tion	hu mane'	as cer tain'	play ful
ca ter er	knav ish	bail a ble	slay er
change a ble	la bor er	com plaint'	slay ing
change ful	la zi ness	dain ti ly	*ei*
cha rade'	lem on ade'	en ter tain'	eight een
con ta' gious	lo ca' tion	faith ful ly	eighth ly
cour a' geous	mi gra' tion	main mast	neigh bor
cra ni um	nar ra' tion	pro claim'	rein deer
cra zi ness	no ta' tion	re frain'	*ey*
cre a' tor	oc ca' sion	re tail' er	dis o bey'
dan ger ous	o ra' tion	re tain' er	o bey'
dic ta' tion	pa tri ot	straight en	*ea*
dic ta' tor	pave ment	*ay*	break age
do na' tion	po ta' to	ar ray'	*ue*
du ra' tion	pri va' tion	a stray'	bou quet'

The sound represented by *ȧ* as heard in *fȧst*, expressed by

a	branch let	mo las' ses	pass o ver
aft er ward	cast a way	pass a ble	vast ness

The sound represented by *ä* as heard in *fär*, expressed by

a	‾ar ti choke	car bine	hard ware
alms house	ar ti fice	car nage	harts horn
arch way	ar ti san	car ni val	mar tin gal
ant arc′ tic	art less ness	car pet ing	mar vel ous
arch er y	ba na′ na	car ti lage	mus tache′
ard u ous	bar ber ry	ca tarrh′	par son age
ar gu ment	bar na cle	char coal	par ti cle
ar se nal	bar ter er	de part′ ure	par ti san
ar se nic	blar ney	dis charge′	zou ave′

The sound represented by *û* as heard in *fûrl*, expressed by

u	fur ri er	*ou*	scourge
ab surd′ ness	hurt ful ly	ad journ′ ment	*o*
bur den some	mur der er	cour te sy	at tor′ ney
burg la ry	mur mur er	jour nal ist	bor ough
fur ni ture	sur cin gle	jour ney	word y

The sound represented by *ẽ* as heard in *tẽrm*,[1] expressed by

e	in ter′ ment	ver te bra	birth place
al ter′ nate	in ter′ nal	*ea*	birth right
as ser′ tion	mer chant	earn est	cir clet
a ver′ sion	mer ci ful	earth en	cir cu lar
ber ga mot	ob serv′ er	pearl ash	cir cus
cer tain ly	per fume	search ing	gird le
cler gy man	per se cute	*i*	girl hood
clerk ship	pre serv′ er	af firm′	irk some
con ver′ sion	sub mer′ sion	be stir′	thir ti eth
de sert′ er	ter mi nate	birch en	vir gin

[1] See *Manual of Reading* for a discussion of this sound.

The sound represented by a̤ as heard in *fall,* expressed by

a	as sault'	brawn y	o
all spice	au di ble	craw fish	a dorn' ment
al der man	au di tor	law ful	as sort' ment
al ma nac	au thor ess	law ful ly	dis or' der
bald ness	au to graph	law suit	dor mant
balk y	au tumn	law yer	form al ist
cal dron	cause way	saw yer	fort night
call ing	fault less	*oa*	for ward
dwarf ish	*aw*	a broad'	im por' tant
squall y	aw ful	broad ax	or gan ist
stalk ing	awk ward	broad cast	or na ment
war ri or	awn ing	broad cloth	por cu pine
au	baw ble	broad en	re cord' er
ap plaud'	bawl ing	broad side	vor tex
ap plause'	brawl er	broad sword	wrong ly

The sound represented by ō as heard in *tōne,* expressed by

o	de vot' ed	lone li ness	quo ta
a dor' er	di plo' ma	not a ble	quo tient
a tone' ment	do zi ness	no ta ry	rogu ish
au ro' ra	en no' ble	no ti fy	ro sa ry
be fore' hand	ex pos' ure	o a sis	so no' rous
be hold' er	fo li age	Oc to' ber	*oa*
be to' ken	fore fin ger	o di ous	a board'
bon y	glo ri ous	o dor ous	a float'
Bo re as	gro cer y	o pi um	ap proach'
bro ker age	he ro' ic	po e try	be moan'
de com pose'	ho li ness	por trait	bloat ed
de co' rum	im pose'	pro noun	board er
de port' ment	jo vi al	quo rum	boast ful

boat swain	soap y	bow sprit	*ou*
coach man	*ow*	bow string	cours er
coarse ness	be low′	bow-win dow	fourth ly
coast er	be stow′	crow-bar	mould y
coat ing	be stow′ al	low er	poul tice
croak ing	blow er	low ly	poul try
foam y	bow ie-knife	mow ing	re source′
hoar y	bowl der	ow ing	shoul der
hol loa′	bow-legged	show y	*ew*
loaf er	bow line	snow ball	sew
loath some	bow man	snow y	sew er

The sound represented by o͞o as heard in *fo͞od*, expressed by

oo	pap poose′	mov ing	rul er
bab oon′	rac coon′	un do′	ru mor
bal loon′	sa loon′	*u*	ru ral
boot-jack	schoon er	bru in	*ui*
broom stick	tooth ache	cru ci fix	bruis er
ca boose′	*o*	cru ci form	cruis er
coop er age	a do′	cru ci fy	fruit ful
gloom y	ap prove′	in sur′ ance	*ew*
har poon′	ap prov′ al	pru dent	brew er y
kan ga roo′	do er	rhu barb	*oe*
pan ta loons′	mov a ble	rul a ble	ca noe′

The sound represented by ĭ as heard in *pĭn*, expressed by

i	ar tist′ ic	be fit′ ting	bib li cal
ad mit′ tance	as crip′ tion	be gin′ ner	bick er ing
af flic′ tion	as sist′ ance	be gin′ ning	big a my
a kim′ bo	as sist′ ant	be wil′ der	big ot ry
am bi′ tion	bap tis′ mal	be witch′ ing	bil low y

bin na cle
bit ter ness
brick-lay er
cin na mon
cit i zen
com mit' tee
con di' tion
con sid' er
con sist' ent
con tin' ue
con tra dict'
con trib' ute
con vic' tion
crim i nal
crit i cise
de cis' ion
de liv' er
de ris' ion
de scrip' tion
dif fi cult
dif fi dent
dil i gent
dis miss' al
div i dend
di vis' ion
e pis' tle

fa mil' iar
fif ti eth
fish er y
fla min' go
for give' ness
frisk i ness
grid i ron
hin der ance
his to ry
id i ot
ig no rant
im i tate
im pu dent
in dus try
in fan cy
in no cent
in stant ly
in stru ment
in te ger
in ter est
in ter val
in va lid
king fish er
lib er al
lib er ate
lic o rice

lin i ment
liv er y
man til' la
mil li ner
min er al
min is ter
min u end
mir a cle
mis er y
mu si' cian
of fi' cious
o mis' sion
o pin' ion
pa cif' ic
par ti' tion
pe ti' tion
pin cush ion
po si' tion
prin ci pal
prin ci ple
priv i lege
priv i ly
pro vis' ion
re lig' ion
rick et y
rid i cule

sil li ness
sil ver y
sim i lar
slip per y
stick i ness
sub mis' sion
sub scrip' tion
swim ming ly
trim ming
vin e gar
vis i ble
wid ow er
wil der ness
win ter y

y

cyl in der
mys ter y
syc a more

ee

been
breech es
breech ing

o

wo men

u

bu sy

The sound represented by ĕ as heard in *mĕt*, expressed by

e	ag gres' sion	an gel' ic	as cen' sion
af fect' ed	ag gress' or	ap pend' age	as sem' ble
af fec' tion	a mend' ment	ap pren' tice	as sem' bly

as sess′ or	dec o rate	en vel′ op	neg a tive
at tend′ ance	de crep′ it	ev er green	neg li gent
at tent′ ive	ded i cate	ev i dence	No vem′ ber
a veng′ er	de fend′ ant	ex er cise	ob jec′ tion
bed cham ber	de fense′ less	ex cel lent	pa rent′ al
bed fel low	def er ence	ex pect′ ant	pen ni less
bed lam ite	def i nite	ex pen′ sive	pep per mint
beg gar ly	dem o crat	ex pres′ sion	pep per y
ben e fit	den tist ry	ex ten′ sive	per fec′ tion
be set′ ting	de pend′ ence	fes ti val	pet i ole
bev er age	des ig nate	flex i ble	pet u lant
bi sec′ tion	des per ate	fret ful ness	prem is es
bom ba zette′	de tec′ tion	gen er al	pres i dent
brev i ty	de ten′ tion	hem i sphere	pret ti ly
cel e brate	di rec′ tion	hes i tate	pro fes′ sion
cel e ry	ed i ble	in cor rect′	pro gress′ ive
cen ti ped	ed i fice	in ten′ tion	pro pel′ ler
cent u ry	ed it or	in ven′ tion	re cep′ tion
col lec′ tion	ed u cate	lect ur er	rec om mend′
com plex′ ion	eld er ly	leg i ble	rec re ate
con fes′ sion	e lec′ tion	lep ro sy	rel a tive
con nec′ tion	el e phant	lev i.ty	re pent′ ance
con nect′ ive	el e vate	lex i con	re sem′ ble
con tend′ er	e met′ ic	ma jes′ tic	re spect′ ful
con tent′ ed	em i grant	med dle some	sed i ment
con ten′ tion	em i grate	med ic al	Sep tem′ ber
con ven′ tion	em pha size	med i cine	sev er al
cor rec′ tion	emp ti ness	med i tate	skel e ton
cred it or	en e my	mem o ry	spec i men
De cem′ ber	en er gy	mes sen ger	suc cess′ ful
de cep′ tion	en mi ty	nec tar ine	sus pend′ er

tel e gram	vet er an	dead en	leav en
tel e graph	ves ti bule	deaf ness	peas ant
tem per ate	yes ter day	dread ful	sweat y
ten e ment	*ea*	head ache	tread le
ter ri ble	a breast'	health ful	treas ure
tes ta ment	al read' y	heav en	wealth y
ces ti fy	be head'	heav i ly	weap on
um brel' la	breast pin	jeal ous	*ie*
vel vet y	breast plate	leath ern	be friend'
ven ti late	clean li ness	leath er y	friend less

The sound represented by *ă* as heard in *măt,* expressed by

a	and i ron	ar a ble	bal co ny
a ban' don	an ec dote	ar ro gance	bal lot-box
ab sti nence	an gri ly	ar ro gant	bal us ter
a can' thus	an gu lar	as pi rate	ban dy-leg
ac ci dent	an nu al	as sas' sin	ban ish ment
ac cu rate	an nu lar	as ter isk	ban is ter
act ive ly	an swer er	At lan' tic	bank a ble
ad vo cate	ant-eat er	at mos phere	bar on ess
ag o ny	an te lope	at tach' ment	bar o ny
al co hol	an te room	at ti tude	bar ren ness
al ge bra	anx ious ly	at trac' tion	bar ri er
al pac' a	ap er ture	at tract' ive	bar ris ter
al pha bet	ap par' el	av a rice	bash ful ness
am a zon	ap pe tite	av e nue	bat tal' ion
am i ty	ap pe tize	av er age	bat ter y
am nes ty	ap ple-pie	ax le-tree	bat tle-ax
am pu tate	ap pli cant	bach e lor	bat tle ment
an ces tor	a quat' ic	back gam' mon	be dab' ble
an ces try	Ar a bic	back ward ness	be drag' gle

black ber ry	car ri er	gar ri son	nat u ral
black guard	car ri on	grad u al	par a ble
bland ish ment	car ry-all	grat i tude	par a dise
blas phe my	cas ti gate	hand i ly	par a graph
bom bast ic	cat a mount	hand ker chief	par al lel
bo tan' ic	cat a ract	hand some ly	pas sen ger
cab i net	cat e chism	im ag' ine	pi az' za
cal cu late	cath o lic	in hab' it .	rasp ber ry
cal en dar	cav ern ous	in val' id	sal a ry
cal i ber	cav i ty	I tal' ian	sas sa fras
cal i co	char ac ter	jan i tor	sat is fy
cal o mel	chant i cleer	lat i tude	Sat ur day
can cer ous	chat ter box	lav en der	sav age ly
can di date	chat ter ing	mack er el	scant i ly
can dle-light	clas si fy	mag ni fy	shab bi ly
can dle stick	con tract' or	mag ni tude	shad ow y
can is ter	cran ber ry	man di ble	shag gi ness
can ni bal	daf fo dil	man u script	smat ter ing
can o py	em bank' ment	mar i gold	tam a rind
can ti cle	en tan' gle	mar i ner	tan ner y
cap i tal	fac to ry	mas cu line	to bac' co
cap i tol	fam i ly	me chan' ic	trav el er
cap ti vate	fan ci ful	me tal' lic	vac ci nate
car a van	gal lant ly	mu lat' to	val en tine
car a way	gal ler y	na tion al	ve ran' da

The sound represented by ŏ as heard in *nŏt*, expressed by

o	a pos' tate	bot an ist	com mon ly
a bol' ish	a pos' tle	bot a ny	com pli ment
ac com' plice	as ton' ish	bot tom less	con fer ence
ac com' plish	bod i ly	col ick y	con fi dence

con fi dent	hol i day	om e let	*a*
con quer or	hol low ness	om ni bus	hal i but
con se quence	hol ly hock	op er ate	quad ru ped
con stant ly	hom i ny	op po nent	quan ti ty
con tra ry	hon est y	o pos' sum	squab ble
cop i er	hos pi tal	pos si bly	squal id
cop per y	im pos' tor	pop u lar	squan der
cop y ist	im prop' er	pot ter y	squat ter
crock er y	lon gi tude	pot ting	swal low
croc o dile	mon i tor	prompt ness	wad dle
de mol' ish	mon u ment	prop er ty	wal let
de pos' it	ob sta cle	proph e sy	wal rus
dom i no	ob vi ous	rob ber y	wat tles
fos ter ing	oc u list	sol u ble	*ow*
frol ic some	odd i ty	tol er ate	knowl edge

The sound represented by *ŭ* as heard in *nŭt*, expressed by

u	cul ti vate	mul ti ply	suc co tash
a bun' dance	cur ren cy	mul ti tude	sud den ly
ac cus' tom	cur ri er	mus cu lar	sun shin y
ad just' ment	cut ler y	mus ket ry	ug li ness
a sun' der	drunk en ness	musk-mel on	ul cer ate
au tum' nal	dump ling	must i ness	*ou*
blus ter ing	hus band man	num ber less	coup le
buf fa loes	in sult' ing	nun ner y	coup let
but ter y	in ter rupt'	ob struc' tion	coup ling
but ton-hole	lub ber ly	pro duc' tion	cour age
con duct' or	lust i ly	punct u ate	doub le
con struc' tion	lux u ry	put ter ing	doub let
con sump' tion	mul ber ry	sub sti tute	nour ish
cul len der	mul ti ple	sub tra hend	rough en

south ern	bom bast	dis col′ or	monk ish
tough en	bor ough	dis cov′ er	month ly
o	broth er ly	glov er	moth er less
be com′ ing	com pa ny	gov ern	smoth er
be loved′	cov er let	hov er	som er set

The sound represented by ŏŏ as heard in *wŏŏd*, expressed by

oo	cook y	bull-frog	cuck oo
a foot′	rook	bull ock	cush ion
be took′	soot	bul rush	full er
book-bind er	wool en	bull-finch	pul let
book-case	*u*	bul wark	pul ley
book ish	bull-dog	bush el	pul pit
book-keep er	bul let	butch er y	*o*
book-sell er	bul le tin	crup per	bo som

The sound represented by ī as heard in *pine*, expressed by

i	de fi′ ant	Mes si′ ah	de ny′
ac quire′ ment	de ni′ al	night in gale	de fy′
ad mir′ er	di a logue	nine ti eth	hy a cinth
ad ver tise′	di a ry	o blig′ ing	hy phen
ad vis′ er	di vid′ er	pi o ny	Ju ly′
al might′ y	di vine′ ly	pli a ble	re ly′
ar riv′ al	di vi′ sor	right eous	sly ness
as pir′ ing	en tire′ ly	sa li′ va	*ui*
as sign′ ment	ho ri′ zon	spright ly	guide
bap tiz′ er	i ci cle	*y*	guile
bind er y	im po lite′	ap ply′	*ay*
brib er y	i ron-clad	a sy′ lum	bay ou
con fine′ ment	li a ble	a wry′	*ye*
de cid′ ed	li bra ry	com ply′	dye ing

The sound represented by *ou* as heard in *out*, expressed by

ou			cow hide
a bound′	cloud less	mous er	cow slip
ac count′	cloud y	mouth ful	down ward
a ground′	coun ter	pro nounce′	drow sy
a mount′	count less	scoun drel	fowl er
a rouse′	coun ty	sur round′	low er
be cloud′	dis mount′	*ow*	pow der
bound less	floun der	bow els	row el
boun ty	fount ain	bow er	show er
ca rouse′	loung er	brow beat	trow el
	mount ain	brown ish	

The sound represented by *ū* as heard in *mūte*, expressed by

u	in hu′ man	cube	*ew*
a bu′ sive	ju bi lee	cure	a new′
ac cus′ er	ju ni per	duke	chew
a cute′ ness	lu di crous	dupe	dew y
a muse′ ment	mi nute′ ly	fluke	ew er
as sum′ ing	mu ci lage	flume	few
con fu′ sion	mu sic al	flute	hew
cu cum ber	mu ti late	fume	Jew
cu po la	mut u al	fuse	jew el
cur a ble	nu mer al	gnu	jews-harp
cur a tive	nu mer ous	huge	news
cu ti cle	pe cul′ iar	June	newt
du el ist	pro duc′ er	mule	pew ter
du ra ble	re fus′ al	muse	re new′
du ti ful	so lu′ tion	nude	sew er
fu ner al	stu di ous	su et	spew
fu ri ous	u su al	u nit	yew

eau	suit or	hue	eu
beau ti ful	ue	slue	feud
beau ti fy	blues	Tues day	neu ter
ui	cue	ewe	iew
jui ci ness	due	ewe	re view'

REVIEW LESSONS.

Words pronounced alike but spelled differently.

cal en dar, an almanac.

cal en der, a hot press.

cap i tal, a chief city.

cap i tol, a government house.

ceil ing, the upper wall of a room.

seal ing, closing with a seal.

cours er, a swift horse.

coars er, rougher.

fowl er, a sportsman who pursues wild fowl.

foul er, more soiled.

re ceipt', a written acknowledgment.

re seat', to seat again.

slay ing, the act of killing.

sleigh ing, the act of riding in a sleigh.

Words spelled alike but pronounced differently.

al ter nate, to act by turns.

al ter' nate, happening by turn with something else.

brā vo, a daring villain.

brä vo, well done!

in val' id, of no force.

in va lid, a sickly person.

min ute ly, happening every minute.

mi nute' ly, exactly, nicely.

nŏt a ble, remarkable, worthy of notice.

nŏt a ble, thrifty, smart, distinguished for good management.

per fume', to fill with a sweet odor.

per fume, a sweet odor.

rec re ate, to amuse.

re cre ate', to form anew.

Different ways of spelling the same word.

base vi ol	cen ti ped	hom o ny	mus tache'
bass vi ol	cen ti pede	hom i ny	mous tache'
ber ga mot	cray fish	lic o rice	pi o ny
bur ga mot	craw fish	liq uor ice	pe o ny
cal i bre	cul len der	mo las' ses	the a tre
cal i ber	col an der	me las' ses	the a ter
can non eer'	found er y	mus qui' to	win try
can non ier'	found ry	mos qui' to	win ter y

Words Liable to be Misspelled not contained in other Review Lists.[1]

admittance	charade	eighthly	omelet
avenue	convenient	familiar	piazza
axle-tree	diffident	fiftieth	reindeer
baptizer	diligent	halibut	straighten
bayou	dismissal	horizon	toughen
beautify	dyeing	Messiah	Tuesday
bruiser	eighteen	officious	vaccinate

Equivalent Consonants.

c like k	acuteness	angelic	auctioneer
acanthus	advocate	antarctic	balcony
accomplish	affected	applicant	barnacle
account	affection	aquatic	becoming
acquirement	alcohol	Arabic	biblical
accurate	almanac	arsenic	binnacle
accustom	alpaca	Atlantic	bombastic
actively	anecdote	attractive	bookcase

[1] Hereafter, the review lists will be left, for the most part, for the pupils to syllabicate and give the right accentuation.

botanic	cleanliness	couplet	educate
brocade	cloudless	coupling	emetic
cabinet	cloudy	courage	expectant
calculate	collection	courageous	factory
caliber	committee	courtesy	heroic
calomel	complexion	coverlet	hurricane
candidate	comply	cowslip	incorrect
canister	conductor	cranberry	iron-clad
cannibal	confession	cranium	lecturer
cannonade	confident	craziness	lexicon
canoe	connection	creditor	ludicrous
canopy	connective	criminal	majestic
canticle	conqueror	crockery	manuscript
capable	consider	crocodile	masculine
captivate	consistent	cruiser	mechanic
caravan	constantly	cucumber	medical
caraway	contagious	cultivate	metallic
careen	contented	currier	miracle
carrier	continue	cutlery	muscular
carrion	contractor	cupola	nectarine
carry-all	contradict	curable	obstacle
castigate	contrary	curative	occasion
catamount	contribute	cuticle	oculist
cataract	copier	decorate	peculiar
caterer	coppery	decrepit	perfection
catholic	copyist	dedicate	persecute
cavernous	coroner	democrat	porcupine
character	cottager	dictator	proclaim
chanticleer	counter	difficult	productive
classify	countless	discolor	punctuate
clattering	couple	discover	raccoon

recommend
recreate
respectful
ridicule
scantily
scoundrel
secretly
succotash
sycamore
tobacco

c like s

abstinence
abundance
ancestor
ancestry
apprentice
arrogance
ascension
ascertain
assistance
avarice
celebrate
celery
century
cinnamon
citizen
cylinder
December
decently
decided
deference

dependence
edifice
evidence
exercise
fanciful
hinderance
hyacinth
innocent
insurance
juiciness
medicine
merciful
mucilage
offices
peaceable
porcelain
producer
pronounce
resource
specimen
surcingle
ulcerate

ti like sh

affliction
ambition
ascription
assertion
attraction
bisection
carnation
condition

connection
construction
consumption
contention
convention
conviction
correction
deception
description
detection
detention
dictation
direction
duration
election
exertion
flirtation
foundation
intention
invention
location
migration
narration
national
notation
objection
obstruction
oration
partition
petition
position

privation
production
reception
solution
subscription
vacation
vocation

si like sh

aggression
ascension
aversion
conversion
expression
omission
profession
submersion
submission

si like zh

confusion
decision
provision

s like z

accuser
adviser
appease
arouse
artisan
baptismal
bosom
bowels
busy

carouse	mouser	resemble	atmosphere
criticise	museum	visible	autograph
deserter	musician	*ch like k*	blaspheme
divisor	observer	catechism	elephant
drowsy	pantaloons	headache	emphasis
exercise	partisan	schemer	hemisphere
greasiness	peasant	schooner	hyphen
hesitate	preserver	toothache	paragraph
impose	president	*ph like f*	prophesy
misery	reprisal	alphabet	telegraph

Silent Letters.

e final	attendance	burdensome	eatable
addible	attentive	button-hole	edible
adhere	audible	caboose	elevate
adhesive	average	carbine	emigrate
allspice	bailable	carnage	ennoble
amputate	bawble	cartilage	entangle
aperture	bedabble	conference	expensive
apostle	bedlamite	consequence	extensive
appendage	bedraggle	continue	flexible
appetite	beverage	cooperage	furniture
appetize	birthplace	creosote	girdle
approve	blamable	decompose	hardware
arable	bombazette	definite	humane
artichoke	bowline	designate	imitate
artifice	breakage	desperate	interfere
aspirate	breastplate	dialogue	irksome
assemble	brigade	discharge	latitude
attitude	brokerage	double	legible

lemonade	relative	battle-ax	fortnight
liberate	rulable	battlement	gracefully
licorice	salable	beforehand	hay-rick
loathsome	scourge	bereavement	hollyhock
mandible	serenade	bickering	mackerel
meditate	squabble	birthright	meddlesome
movable	substitute	blackberry	naughtiness
multiple	tamable	blackguard	nightingale
multitude	terminate	boot-jack	ninetieth
negative	terrible	bowie-knife	pavement
notable	treadle	bricklayer	rickety
owe	ventilate	broomstick	righteous
papoose	vestibule	bullock	roguish
parable	wearisome	candle-light	savagely
parentage	zouave	candlestick	scenery
parsonage	*Intermediate*	causeway	stickiness
particle	acknowledge	changeable	*Terminal*
passable	advancement	changeful	autumn
payable	almighty	coarseness	borough
perfume	amusement	confinement	catarrh
persevere	answerer	cuckoo	curry-comb
petiole	arraign	derangement	*Initial*
poultice	assignment	divinely	honesty
privilege	atonement	entirely	knavish
progressive	backgammon	epistle	knowledge
radiance	backwardness	forgiveness	wrathful

Form the Plurals of the following words.

| *adding s* | appeal | auditor | beginner |
| agreement | arena | awning | bouquet |

brawler	period	omnibus	company
broadcloth	portrait	potato	cooky
cathedral	premium	tomato	fishery
complaint	quota	torpedo	gallery
icicle	quotient	volcano	grapery
integer	sawyer	vortex	industry
kangaroo	traveler	*y changed*	mulberry
laborer	*adding es*	*to ies*	nunnery
lawsuit	bravado	agony	oddity
lawyer	broad-ax	assembly	raspberry
mainmast	calico	battery	robbery
mouthful	circus	bindery	rookery
neighbor	crucifix	brewery	rosary
opponent	domino	bribery	strawberry
patriot	flamingo	cavity	tannery

NAMES OF PERSONS.

Males	E ne' as	Nich o las	Vic tor
Al lan	Ger ald	Ol i ver	Vin cent
Ar nold	Ger shom	Or lan' do	Win fred
A saph	Je rome'	Os wald	Zac che' us
Ash er	Jo si' ah	Plin y	Zach a ry
Ber tram	Jo tham	Row land	Za dok
Cæ sar	Le an' der	The ron	Zeb e dee
Christ ian	Lem u el	Tim o thy	Ze lo' tes
E li' as	Leon ard	Ti tus	*Females*
E li' hu	Lo ren' zo	To bi' as	Ach sa
E li' jah	Lu ci us	Tris tam	Ad a line
E li' sha	Na a man	U ri' ah	Ad e laide

A de′ li a	Char lotte	Is a bel	Me lis′ sa
Ad e line	Cla ris′ sa	Je mi′ ma	O liv′ i a
Al ber′ ta	Cyn thi a	Je ru′ sha	Pau line′
Al mi′ ra	Di an′ a	Jo an′ na	Phe be
Al the′ a	Di an′ tha	Ju li et	Rho da
A man′ da	Dor o thy	Lo rin′ da	Ro sa
A me′ li a	El i nor	Lou i′ sa	Sa lo′ me
Au gus′ ta	E li′ za	Lu ci a	Sa rah
Au ro′ ra	El vi′ ra	Lyd i a	Sib yl
Bar ba ra	Em i ly	Mar ci a	So phi′ a
Be a trice	Ev e line	Ma ri′ a	Stel la
Car o line	Har ri et	Mar i on	Su san
Cath a rine	Hel e na	Ma til′ da	Ur su′ la

NAMES OF STATES AND THEIR ABBREVIATIONS.

Al a ba′ ma . .	Al. or Ala.	New Hamp′ shire	N. H.
Ar kan′ sas . .	Ark.	New York′ . .	N. Y.
Cal i for′ ni a .	Cal.	North Car o li′ na	N. C.
Del a ware . .	Del.	O hi′ o . . .	O.
Flor i da . . .	Flor.	Or e gon . . .	Or.
Geor gi a . .	Ga.	Penn syl va′ ni a	Pa. or Penn.
Il li nois′ . . .	Ill.	Rhode Isl′ and .	R. I.
I o wa . . .	Io.	South Car o li′ na	S. C.
Kan sas . . .	Kan.	Ten nes see′ .	Tenn.
Ken tuck′ y . .	Ken.	Tex as . . .	Tex.
Maine . . .	Me.	U tah . . .	Uh.
Ma ry land . .	Md.	Ver mont′ . .	Vt.
Ne bras′ ka . .	Neb.	Vir gin′ i a . .	Va.
New Jer′ sey .	N. J.	Wis con′ sin .	Wis.

FOURTH STEP.

The sound represented by ē as heard in *mēte*, expressed by

e	fe ver-few	re cede′	ter rene′
ac cede′	ge nus	re cent ly	te trarch
ad her′ ent	Gre cian	re gent	the ism
ad he′ sive	He brew	re plete′	the o rem
au stere′	he lot	re vere′	the o ry
cam phene′	il le′ gal	sca lene′	the sis
co here′	im pede′	se cant	tre mor
com pete′	in here′	se cede′	ve hi cle
con cede′	le gion	sen ior	ve nal
con crete′	mere ly	se poy	ve ni al
con vene′	me ter	se quel	ve nous
cre dence	ob scene′	se quence	*ea*
Cre ole	pe an	se rene′	ar rears′
de ism	pe nal	se ri al	be queath′
de tail	pe nult	se ries	cease less
e dict	pe on	se ri ous	clear ance
ef fete′	pe o ny	se rous	cleav age
e go tist	phe nix	se rum	con ceal′
e gress	pre cede′	sin cere′	con geal′
e quine	pre cept	spe cious	de cease′
e ra	pre fect	sphe roid	de crease′
e ther	pre lude	stam pede′	de feat′
fe brile	pre vi.ous	su preme′	de mean′
fe line	que rist	te di ous	dis please′

feat ure

im peach'

im plead'

leak age

re lease'

re peal'

re peat' er

stream er

trea cle

trea son

trea tise

wea zen

ee

be seem'

ca reer'

cheer less

com peer'

de cree'

deem

dev o tee'

dis creet'

es teem'

ex ceed'

fleet ness

freed man

free hold

fu see'

gen teel'

keen ly

les see'

mo reen'

nan keen'

o gee'

peer less

pee vish

pro ceed'

re deem'

ru pee'

seem ing

sha green'

sheep ish

steer age

tu reen'

vend ee'

ve neer'

wee vil

whee dle

i

an tique'

bas tile'

bom ba zine'

ca price'

cri tique'

in trigue'

pas tille'

pe lisse'

po lice'

re gime'

rou tine'

souve nir'

suite

u nique'

va lise'

ie

a chieve'

a field'

ag grieve'

cash ier'

fief

fiend

fierce ness

frieze

griev ous

liege

priest craft

re prieve'

re trieve'

ei

con ceit'

con ceive'

per ceive'

seiz ure

ey

key stone

The sound represented by *ā* as heard in *pāle*, expressed by

a

a base'

al ien

a maze'

a maz' ing

a mi a ble

A ri an

as suage'

a the ism

a vi a ry

be la' bor

bla tant

bla zon ry

ca dence

ca liph

ca pa bly

ca ri ous

chafe

change ling

cha os

cock ade'

col late'

cre a' tion

cru sade'

cu ra' tor

da ta

de base'

de fame'

de grade'

de prave'

di late'

dis a' ble

dis suade'	ha lo	ra tio	va por
dis taste'	hames	re bate'	va ri ous
dra ma	ha rem	re late'	wa ger
ef face'	ha ven	sa ber	wa ry
e late'	im pale'	sa cred	*ai*
em pale'	in case'	safe guard	ac claim'
en gage'	in flame'	sav a ble	ac quaint'
en grave'	in flate'	sav ior	ail ment
e rase'	in hale'	sa vor	ap per tain'
es tate'	in nate'	scal y	ap praise'
e vade'	in sane'	scale less	ar raign'
e va' sive	in state'	scathe	as sail'
ex hale'	in vade'	slav er y	at tain' a ble
fa cial	la i ty	spa cious	at tain' ment
fa mous	la tent	spec ta' tor	a vail' a ble
fla grant	ma gi	squa lor	bail iff
flak y	na iad	sta ple	bail er
fra cas	na tal	stat ed	cai tiff
fra grance	na val	sta tion	cam paign'
ga la	na vy	stock ade'	claim ant
game ster	ob late'	stra ta	con strain'
ger mane'	pa thos	stra tum	con straint'
gla cier	pa tron	sua sion	cur tail'
glade	per suade'	tes ta' tor	de main'
gla zier	per vade'	ti rade'	drain age
gra cious	pha e ton	tor na' do	en tail'
grat er	phase	tra cer y	ex claim'
grat ing	pre sage'	tra che a	fail ure
gra tis	ra cy	va ga' ry	fain
gra zier	ra di us	va grant	faint
gri mace'	rak ish	vague ly	faint ly

faith less	waist coat	re lay′	ey rie
frail ty	*ay*	*ei*	pur vey′
or dain′	af fray′	deign	sur vey′
per tain′	al lay′	freight	*e*
plain tiff	be tray′	hei nous	fête
pre vail′	clay ey	in veigh′	*ee*
re claim′	de fray′	weight y	soi ree′
re strain′	fo ray′	*ey*	*au*
straight way	in lay′	con vey′	gaug er

The sound represented by $\dot{a}$ as heard in *fàst,* expressed by

a	craft y	fast ness	re past′
a mass′	en chant′	ghast ly	sur pass′
casque	en hance′	mas ter y	*au*
chand ler	en trance′	pass port	draught

The sound represented by $\hat{a}$ as heard in *bâre,*[1] expressed by

a	far o	*ai*	lair
char y	in snare′	air y	*ei*
com pare′	scar ci ty	cairn	heir ess
de clare′	square ly	fair ly	heir loom

The sound represented by $\ddot{a}$ as heard in *fär,* expressed by

a	dah lia	gar bage	im par′ tial
a gape′	de bark′	gar ble	lar gess
al mond	dis card′	gnarled	marl y
ar chi tect	e clat′ (klä)	gua no	marque
be calm′	em balm′	gui tar′	mar quis
car tridge	far thing	halves	mar tial
czar	fi na′ le	har py	nar whal

[1] For a discussion of this sound see *Manual of Reading.*

palm y	sar casm	gaunt let	*ua*
par ley	sa vant (vŏng)	jaun dice	guard
par tial	starve ling	laugh a ble	guard i an
par tridge	*au*	laun dry	*ea*
pla card′	daunt less	saun ter	heark en

The sound represented by *û* as heard in *fûrl*, expressed by

u	dis burse′	per turb′	sur plice
con cur′	fur lough	pur chase	tur gid
cur few	gur gle	scur vy	tur moil
cur sive	murk y	stur geon	u surp′ er

The sound represented by *ẽ* as heard in *tẽrm*,[1] expressed by

e	di verge′	ker sey	su perb′
ad vert′	e merge′	mer maid	ter mite
a lert′	er mine	nerv ine	terse ness
as perse′	fer ment	per fi dy	ter tian
cer ti fy	fer tile	per jure	ther mal
co erce′	fer vent	per verse′	trans fer′
con cern′	fer vid	per vert′	trans verse′
con fer′	fer vor	re fer′	ver dant
con serve′	herb age	re serve′	ver dict
con verge′	im merge′	re verse′	verd ure
con vert′	im merse′	re vert′	ver min
de serve′	in ert′	serv ile	ver nal
des sert′	in fer′	ster ling	ver sion
de ter′ mine	in sert′	sub merge′	ver tex
dis cern′	in verse′	sub serve′	*i*
dis perse′	in vert′	sub vert′	bird-lime

[1] For a discussion of this sound see *Manual of Reading.*

cir cuit	firm ness	skir mish	re hearse′
con firm′	gird er	squirm er	re search′
dirge	in firm′	virt ue	*y*
dirk	mirth ful	*ea*	myrrh
fir kin	sir loin	earl dom	myr tle

The sound represented by a̤ as heard in *fall*, expressed by

a	cork screw	orb it	dau phin
al der	cor net	or chis	de bauch′
ba salt′	cor nice	or der	de fault′
ex alt′	cor sair	ord nance	de fraud′
fal con	corse	por poise	ex haust′
false ly	corse let	re cord′	fau na
fal ter	cor tege (tāzh)	re morse′	fraught
fore stall′	de form′	re tort′	ma raud′
pal sied	de tort′	sor cer y	maud lin
pa sha′	dis gorge′	sub orn′	nau seous
psal′ ter	dis tort′	tor por	plaud it
quar to	dor sal	tort u ous	slaugh ter
salt-rheum	en dorse′	*au*	vault ed
thrall dom	es cort′	au burn	*aw*
o	ex hort′	au di ble	aw ful ness
ab hor′	ex tort′	au di to ry	daw dle
a bor′ tive	for tress	au gur	gawk y
ab sorb′ ent	gor geous	au ri cle	haw ser
ac cord′	in dorse′	au thor ize	haw thorn
a or′ ta	in form′	au to crat	ma caw′
con form′	mor bid	be daub′	pawn er
con tort′	mort gage	caus tic	scraw ny
cord age	mor tise	cau tious	taw dry
cor date	nor mal	clause	taw ny

The sound represented by *ō* as heard in *lōne*, expressed by

o	dis robe′	hol ster	po rous
a fore′	di vorce′	home ly	por ter
ca jole′	do tage	home stead	post script
chlo rine	do tard	ho sier	po tent
clo ven	e lope′	ig nore′	po tion
co balt	en core′	im plore′	pro bate
co coa	en force′	im pos′ ing	pro gramme
co gent	en gross′	in close′	pro logue
co hort	en throne′	in voke′	quo ta
com port′	e voke′	i o′ ta	re voke′
com pose′	ex plode′	Ko ran	Rom ish
con dole′	ex plore′ ·	lore	re volt′
con sole′	ex pose′	lo tion	sco ri a
con voke′	fe ro′ cious	mo hair	smol der
co pal	flo rist	molt en	so cial
cope	fo cal	mo rose′	so lar
cop ing	fo cus	mo tive	sol dier y
corps	fo gy	mo tor	sto ic
cor rode′	for borne′	o cher	tee to′ tal
crone	fore bode′	o di um	tho rax
cro sier	fore close′	o nyx	To phet
de note′	fore taste	o ri ent	to ry
de plore′	forge	o sier	to tal ly
de port′	for ger	o va ry	trans pose′
de pose′	forte	o vate	tro phy
de throne′	fo rum	pa rol′	ver bose′
de vo′ tion	fro ward	pa trol′	vo ta ry
dis close′	gar rote′	po e sy	whol ly
dis port′	glo ri fy	pol ka	wo ful

zo di ac	gourd	pla teau'	*oa*
ou	mould	*oo*	en croach'
court ier	re course'	floor ing	oak um
court ly	*eau*	*eo*	*au*
dis course'	beau	yeo man	haut boy

The sound represented by o͞o as heard in *fool*, expressed by

oo	pon toon'	ob trude'	sur tout'
a loof'	sham poo'	pe ruse'	tour ist
bas soon'	si moom'	pru dence	un couth'
bloom er	ta boo'	prud ish	youth ful
buf foon'	tat too'	ru ble	*o*
car toon'	ty phoon'	ru bric	dis prove'
co coon'	*u*	ru fous	en tomb'
cool ly	ab struse'	ru mi nant	im prove'
coo ly	as sur' ance	scru ple	*ew*
doub loon'	as sure'	tru ly	crew el
dra goon'	cru cial	*ou*	*ue*
gal loon'	crude ness	ac cou' tre	con strue
mon soon'	Dru id	ba rouche'	im brue'
mood y	en sure'	car touch'	*ui*
moor ings	fru gal	cou pon	fruit age
pla toon'	im brute'	gour mand	fruit ful ness
pol troon'	in trude'	rouge	re cruit'

The sound represented by ĭ as heard in *pĭn*, expressed by

i	ad mis' sion	big ot	brig and
a bil' i ty	a drift'	big ot ed	brill iant
ab o li' tion	am bi' tious	bil ious	bris tly
ac tiv' i ty	ar til' ler y	bill iards	cha grin'
ad dict'	big a mist	bish op ric	cit a del

cit ron	e quip'	gid dy	in road
civ et	e vince'	ging ham	in sight
civ ic	ex ist'	gin seng	in stance
civ il ize	ex tinct'	gris ly	in still'
civ il ly	fick le	hig gle	in ter im
clin ic	fic tion	ill-bred	in voice
com mix'	fidg et	ill ness	ir ri tate
con di' tioned	fil ial	im pact	is sue
con flict'	fil let	im pinge'	kiln-dry
con sist'	fil lip	im port	kins man
con strict'	fil ter	im post	limn
con tin' gent	filth y	im po tent	lim pet
con vict'	fil trate	im press	lin gual
crib bage	fin ish	im print	lin guist
crick et	fin ny	im pulse	liv id
crit ic	fis cal	in cense	mil i tate
de pict'	fis sile	in come	mi li' tia
de sist'	fis sure	in dex	min ion
dic tion	fit ful	in fant	min strel
dic tum	fit ly	in fi del	mis le
dig ni fy	fixt ure	in flict'	mis sile
dig ni ty	fiz zle	in flux	mis sion
di min' ish	flick er	in fringe'	mis sive
din gle	flim sy	in got	phthis ic
dis count	flip pant	in grain	pig ment
dis cus	fric tion	in grate	pil lage
dis taff	frig ate	in gress	pill ion
dis till'	frisk y	in ju ry	pin ion
dis tinct'	frith	ink ling	piq uant
el lipse'	ful fill'	ink stand	pit e ous
e mit'	gib ber	in quest	pit tance

pre dict'
pris tine
pro lix'
qua drille'
quib bler
quin sy
quint al
re miss'
re scind'
rib ald
rid dance
riff raff
rig or
ris i ble
rit u al
schism
scir rhous
scis sion
Script ure
ship ping
ship wright
shiv er y
shrink age
sib i lant
sib yl
sid er al
sig ni fy
sig net
sil i ca
sim i le
sim pli fy

sin ew y
sin gly
sin ner
sin u ous
sir up
skin ny
skip per
skit tish
smith er y
smit ten
snick er
so lic' it
spin ach
spin ster
spir a cle
splin ter
sprink ling
stick ler
stim u lus
strict ure
strin gent
strip ling
sub sist'
suc cinct'
swin dle
swiv el
ter rif' ic
tick lish
tid bit
till age
till er

tinct ure
tin der
tip pler
tip sy
tis sue
tit tle
tit u lar
trib une
trib ute
trin i ty
triph thong
trip let
triv i al
vic ar
vi cious
vic tim
vic tor
vict uals
vig il
vig i lant
vig or
vil i fy
vil la
vil lage
vil lain
vil lous
vint age
vis age
vis ce ra
vis cid
vis cous

vis ion
vis or
vis ta
vis u al
vi ti ate
viv id
viv i fy
vix en
viz ier
wid geon
whif fle
wind lass
win ning
wiz zard
wrig gler
zig zag

y

a byss'
crys tal
cyg net
cym bal
cyn ic
gyp sum
gyp sy
hys sop
mys tic
phys ic
pyg my
strych nine
Styg i an
syl la ble

syl la bus	Syr i ac	tyr an ny	guild er
syl van	syr inge	*ui*	guin ea
sym bol	sys tem	ac quit′	*e*
symp tom	tym pan	built	Eng lish
syn od	typ ic al	guild	*ie*
syn tax	typ i fy	guilt	sieve

The sound represented by ĕ as heard in *mĕt*, expressed by

e	bre vet′	de fense′	ec sta sy
a bet′	car tel′	de flect′	ed it
ac a dem′ ic	cay enne′	de ject′	ef fect′
ac cept′ a ble	Celt ic	delf	ef flux
ac cept′ ance	cen taur	den i zen	e ject′
ac cess′	cer e bral	de press′	e lect′ or
ac ces′ sion	ces sion	depth	el e gy
ac ci dent′ al	check mate	der o gate	el o quent
a fresh′	chem ist	der rick	em bed′
ag gress′ ive	cher ish	de scend′	em blem
al pha bet′ ic	clar i o net′	de scent′	em met
a mends′	com pel′	des pot	em pire
an ten′ na	com press′	des tine	em press
ap pen′ dix	con demn′	de test′	em u late
ap pre hend′	con dense′	dev il	en gine
as sess′	con fess′ or	di gress′	en sign
at tend′ ant	cor rect′ ly	di rect′ or	en trails
at tent′ ive	cres cent	dis pense′	en voy
aug ment′	deb it	dis sect′	eph od
au then′ tic	dec ade	dis sent′	ep ic
ber yl	de cep′ tive	dis tend′	ep och
bes tial	de fect′	dis tress′	er rant
bi sect′	de fend′ er	di vest′	es sence

ex cel'	hec tor	men tal	pre vent' ive
ex cess'	hel met	neb u la	pro fess' or
ex empt'	help mate	no blesse'	pro ject' or
ex it	her ald	ped ant	rec i pe
ex port	her o ism	ped i gree	ref use
ex tant	her on	ped i ment	reg i ment
ex tent'	her ring	pel i can	rem e dy
ex tract	im mense'	pel li cle	ren net
fel ly	im pel'	pell-mell'	res i due
fen cing	im pend'	pen ance	res o lute
fen nel	im press'	pen e trate	res pite
fen ny	in cense'	pen guin	ret i cule
fer ret	in dent'	pen i tence	re trench'
fer rule	in fect'	pen nant	rev e nue
fes tal	in fest'	pen sile	rhet o ric
fes tive	in flect'	pen sion	ro sette'
fet id	in her' it	pen sive	scen ic
fet lock	in spect'	pen u ry	scep ter
fi nesse'	in tense'	per i gee	sched ule
fledge ling	in trench'	per il ous	seck el
flex ion	in vest'	per plex'	sec tion
fo ment'	ledg er	pet ri fy	sect or
French	leg ate	pho net' ic	sec u lar
fren zy	len til	por tend'	sed a tive
fre quent'	lep rous	por tent'	sem blance
fres co	les sor	pos sess'	sen ate
gen der	lev ee	pre cious	sen night
gen tile	mem brane	pref ace	sen si ble
gest ure	mem oir	pre ten' sion	sen si tive
gro tesque'	mem o rize	pre text'	sen ti ent
hec tic	men ace	prev a lent	sen try

ser aph	sub ject'	teth er	ves try
ser rate	sub tend'	text ile	vest ure
ses sion	sup press'	text u al	vign ette'
sex tant	sus pense'	text ure	wel ter
shek el	swel ter	tran scend'	wher ry
shell-fish	teg u ment	trans gress'	whet stone
shelv y	tempt er	tres pass	zeph yr
sher iff	ten a ble	u ten' sil	*ea*
si es' ta	ten ant	veg e tate	breast work
skep tic	tend er	vel lum	clean ly
spe cial	ten don	vend er	head long
spec i fy	ten dril	ven geance	health y
spec ta cle	ten et	venge ful	meas ure
spec ter	ten on	ven i son	pheas ant
spec trum	ten or	ven om	zeal ot
spec u lar	ten sion	vent ure	zeal ous
spec u late	ten ta cle	ver i fy	*ue*
spec u lum	ten ure	ver i ly	be quest'
splen dor	ter race	ver i ty	co quet'
stel lar	ter ri or	ver y	co quette'
sten cil	ter ri fy	ves i cle	par quet'
ster ile	ter ror	ves tal	*eo*
stretch er	tes tate	ves tige	leop ard

The sound represented by *ŭ* as heard in *nŭt*, expressed by

u	buck thorn	cor rupt'	cut lass
a but'	bun gling	cult ure	de duct'
an nul'	busk in	cul vert	de funct'
be grudge'	but tress	cum brous	dis cuss'
buck ler	bux om	cum in	di vulge'
buck ram	con junct'	cus tom er	duc at

duch ess	in crust′	scull ion	sul phur
duch y	in duct′	sculp tor	sum mon
duc tile	in dulge′	sculpt ure	sun dries
dud geon	in gulf′	scum my	sup ple
dul cet	in jus′ tice	scutch eon	sut ler
dumb-bell	in struct′	shrub by	trump er y
dump ish	junct ure	shuf fling	trunc ate
en gulf′	lus cious	slug gish	trun cheon
ex punge′	lus ter	slut tish	trun dle
ex ult′	lus trous	smug gle	tur ret
flur ry	mud dle	smut ty	ul tra
flus ter	muf fle	snug gle	um ber
flux ion	mulct	sput ter	um brage
frus trate	mull ion	struct ure	um pire
frus trum	mun dane	stuc co	unc tion
fud dle	mur rain	stul ti fy	un du late
ful crum	nug get	sub si dy	un guent
ful some	nul li ty	sub soil	ut ter
func tion	nun cio	sub stance	vul ture
fun gous	nup tial	sub tile	*ou*
fus tian	oc cult′	sub tle	flour ish
grudge	plumb er	sub urb	touch y
gud geon	plum met	suc cor	young ster
gump tion	pulp ous	suc cumb′	*o*
gun ning	pul sate	suc tion	af front′
gus set	punct ure	suf fer er	com frey
gus to	pun gent	suf fix	com pass
gust y	re buff′	suf frage	con front′
guz zle	re pulse′	sulk y	con jure
huck ster	rupt ure	sul len	con sta ble
hun dredth	scrub by	sul ly	cov ert

cov et	dove tail	mon grel	pom mel
cov ey	front let	plov er	spong y
coz en	mon eyed	pom ace	ton nage

The sound represented by *ă* as heard in *mŭt*, expressed by

a	al i ment	asp en	cal low
ab a cus	al oe	as sets	cal um ny
a ban' doned	al pha	asth ma	Cal vin ist
a bash'	Al pine	as tral	cam e o
ab ba	al to	ath lete	cam let
ab di cate	am ber	av a lanche'	can did ly
ab ject	am ble	ax i om	can kered
ab so lute	am bush	az ure	ca pac' i ty
ab sti nent	am pli fy	back bit er	cap su lar
ab stract	am u let	back ground	cap tious
a cad' e my	an a gram	bal us trade	car at
ac cu rate	a nal' y sis	bank rupt	cash mere
ac id	an a lyze	bank rupt cy	cas sia
ac me	an arch y	bank-stock	cas u al
ac rid	a nat' o my	ban yan	cat a logue
act u al	anch or age	bar bar' ic	cat e chism
ad age	an i mate	bar on et	cav al cade
ad i pose	an nals	bar y tone	cav al ry
ad junct	an nu let	bas tion	cav il
ad mi ral	an te date	blas phe mous	chal dron
ad vent	an thra cite	ca bal'	chal ice
ad verse	an ti pode	ca lam' i ty	cham ois
af flu ence	ap a thy	ca lash'	chan cel
ag o nize	ar rant	cal cu la tor	chap lain
al cove	as pect	cal lous	chap let

char i ot	en act′	gam mon	lan dau
char i ty	en camp′	gam ut	land lord
chat ter	ex pand′	gang way	land scape
clam my	ex pause′	gaunt let	lan guor
clan gor	fab ric	gas tric	lap pet
clar et	fac ile	gav el	lar ynx
clar i on	fac tious	gram mar	Le vant′
clas sic	fac tor	grand eur	mag ic
col lapse′	fal low	gran ite	mag nate
com pact′	fam ish	grap ple	mag net
con tract′	far row	hack le	mal a dy
con trac′ tion	fash ion	hack neyed	man date
cran ny	fi nance′	had dock	man grove
cui rass′	flab by	hag gard	man or
dac tyl	flac cid	hag gle	mass ive
dam ask	flag on	hal low	mat in
dap per	flam beau	ham let	mat tock
de camp′	flap per	ham mock	max im
de cant′	for bade′	ham per	maz zard
des cant′	frac tious	ha rangue′	naph tha
de spatch′	fract ure	har ass	nas cent
de tach′	frag ile	has sock	pac i fy
de tract′	frag ment	hav oc	pag eant
di am′ e ter	franc	haz ard	pal ette
dis band′	fran chise	im plant′	pal let
dis patch′	fran tic	in apt′	pam per
dis tract′	gal lant′	jal ap	pan der
di van′	gal ley	Jan u a ry	pan nier
drachm	Gal lic	jas per	par a lyze
e lapse′	gam ble	lac quer	par a site
em bank′	gam brel	lam prey	par ish

par o dy	rar i ty	shack le	tam per
pas chal	re lapse'	shal lop	tan dem
pas sive	ro mance'	sham ble	tan gent
pat ent	sack cloth	shat ter	tan gi ble
pat ron ize	sad den	slat tern	tan nin
phal anx	saf fron	snag gy	tan sy
phan tom	sal i fy	Span iard	tar iff
Phar i see	sal i vate	span iel	tract ile
phar ynx	sal low	spav in	traf fic
plac id	sal ly	stag nant	trag e dy
plan et	sal vage	stan chion	tram mel
plant ain	sal ver	stan za	tran quil
plant er	sam phire	stat ics	tran script
plas tic .	san a tive	stat ue	tran sept
plat i num	sanc tion	stat ute	tran sient
prac ti cal	sanc tum	strap ping	tran sit
rab bet	san guine	strat e gy	tran som
rab bi	san i ty	strat i fy	trap pings
rad i cal	San skrit	suav i ty	tre pan'
raf fle	sap phire	sup plant'	vac cine
ral ly	sar cas' tic	syl lab' ic	vac u um
ram i fy	sat ire	tab by	val ance
ramp ant	Sat urn	tab let	val et
ran cid	scall ion	tac it	val iant
ran cor	scal pel	tack ling	val id
ran dom	scan dal	tac tics	val ue less
ran som	scan ning	tact u al	vamp ing
rant er	scap u la	taf fe ta	vam pire
rap ine	scrag gy	tal ent	van dal
rapt ure	se dan'	tam a rind	van guard
rar e fy	shab by	tam bour	van ish

van i ty	Vat i can	wran gler	*ua*
van quish	wag ger y	wrap ping	guar an ty
vap id	wag ou er	yar row	*ai*
vas sal	wran gle	Yan kee	rail ler y

The sound represented by ŏ as heard in *nŏt*, expressed by

o	cock swain	con scious	doc trine
a bom' i na ble	cod ger	con script	e volve'
ab scond'	cod dle	con se quent	ex tol'
ab solve'	cog nate	con sols	flor in
ac com' plished	col league	con so nant	fod der
ad mon' ish	coll ier	con sort	fog gy
al co hol' ic	com ment	con sul	fol ly
al lot'	com merce	con tact	fond.ling
a pol' o gy	com pend	con test	fop pish
a pos' ta tize	com pe tent	con text	fos sil ize
as tron' o my	com plex	con trite	fos ter
ba rom' e ter	com post	cou vent	front ier
bob bin et	com pound	con verse	glos sa ry
bot a nize	com rade	con vex	hogs head
cha ot' ic	con cave	con volve'	hol lo
choc o late	con cert	cox comb	hol land
chol er	con clave	crotch et	hol o caust
chol er a	con coct'	de coct'	hom age
chron i cle	con cord	de spond'	· hom i ly
chron ic	con course	de volve'	hom mock
clog ging	con dor	dis lodge'	hop ple
cock ney	con duit	dis solve'	hos tage
cock pit	con fect	doc ile	im mod' est
cock roach	con ic	dock age	in volve'
cocks' comb	con science	doc tress	job ber

joc und

la con' ic

lock er

log ic

mod er ate

mod est y

mod i fy

mon strous

mo roc' co

mot ley

nod ule

nom ad

non suit

ob e lisk

ob sti nate

ob vi ate

oc cu py

oc ta gon

oc tave

oc u lar

op e ra

o pos' sum

op po site

op tics

op tion

os prey

os si fy

os tra cize

pa tri ot' ic

plot ter

pol i cy

pol i tic

pol i ty

pol y glot

pol y gon

pol yp

pol y pus

pomp ous

pon iard

pon tiff

pop lin

pos i tive

post ure

pot ash

pot tage

pot ter

prob a ble

prob i ty

proc ess

prod i gal

prod i gy

prof fer

proph e cy

pros o dy

prov en der

prov ince

prox y

re sponse'

rot ting

schol ar

sconce

si roc' co

snob bish

sol ace

sol e cism

sol id ly

sol emn

sol stice

solv a ble

solv ent

som ber

soph ist

sot tish

sou chong'

spon dee

spon sor

stol id

sym bol' ic

throt tle

toc sin

tod dle

tod dy

tol er ance

tom a hawk

ton ic

ton sil

ton sure

tot ter ing

trop ic

vol a tile

vol ley

vol ume

a

quad rant

quad ru ple

qual i fy

scal lop

squad ron

stal wart

twad dle

wad ded

wad ding

waf fle

wam pum

war rant

watch ful

wat tle

yacht ing

The sound represented by $\bar{\imath}$ as heard in *pine*, expressed by

i

af fright'

anx i' e ty

as pir' ant

as size'

be grime'

be nign'

be tide'

çli ent	en shrine'	in twine'	si lex
çli max	es quire'	is let	si phon
çol lide'	ex cise'	li bel	si ren
çom pile'	ex cite'	ma ligu'	siz a ble
çom prise'	fi at	mile age	slight ly
ҫon cise'	fi ber	mi ter	slim y
con dign'	fi brous	nic e ty	spike nard
çou fide'	fight er	ni ter	spi ral
con nive'	fi nal	O ri' on	sti fle
con sign'	fin er	per spire'	sti pend
con spire'	fi nis	phthi sis	sub scribe'
con trive'	fi nite	pi ca	sub side'
cri sis	flight y	pi e ty	suf fice' (ze)
de cline'	fri ar	pi rate	su pine'
de mise'	gripe	pli aut	sur mise'
de prive'	high-priest	pli ers	sur viv' or
de rive'	hind most	pre cise'	tid al
de scribe'	ides	pre mise'	ti gress
de sign' er	i dol ize	pre scribe'	ti tle
de sire'	i dyl	pre side'	tran scribe'
de spise'	ig nite'	pri va cy	tri ad
de spite'	im bibe'	pro vi' so	tri dent
de vice'	in ci' sive	qui nine'	tri graph
de vise'	in ci' sor	re cit' al	tri pod
di a gram	in cite'	re pine'	tri umph
di al	in cline'	re vise'	tri une
di gest	in dict'	re viv' al	vi ands
di graph	in dite'	rip en	vi brate
dire ful	in quire'	sci ence	vice roy
di vers	in scribe'	sci on	vi nous
di verse	in spire'	sign er	vi o let

vi rus	cy press	hy men	*ui*
vis count	de cry'	hy son	be guile'
vi tal	de scry'	im ply'	dis guise'
wir y	es py'	shy ly	guise
y	gy ral	ty phoid	*uy*
al ly'	gyve	ty phus	guy
chyle	hy brid	ty rant	*ei*
chyme	hy dra	ty ro	gneiss
cy cle	hy drant	van dyke'	height en

The sound represented by *ou* as heard in *out*, expressed by

ou	count ess	mouth-piece	cow ard ice
ac count' able	de nounce'	pound age	cow ard ly
ac count' ant	de vour'	pro found'	dow dy
an nounce'	de vout'	re nounce'	dow el
as tound'	dough ty	spous al	dow er
bound en	es pouse'	sur mount'	drow si ness
boun te ous	ex pound'	*ow*	flow er y
boun ti ful	flounc es	al low' a ble	frow zy
ca rous' al	foul ness	al low' ance	low er y
con found'	found er	a vow' al	pow der y
coun cil or	found er y	a vow' er	prow ess
coun sel or	found ling	bow er y	re nown'
coun ter feit	gouge	chow der	show er y
coun ter pane	moun tain ous	clown ish	vow el

The sound represented by *oi* as heard in *point*, expressed by

oi	an noint'	ben zoin'	coin age
ad join'	ap point'	boil er	con join'
a droit'	a void'	clois ter	de spoil'

de void'	hoist	poise	al loy'
dis join'	joist	poi son	cloy
dis joint'	loin	quoit	con voy'
em broil'	loi ter	re joice'	coy ness
en join'	moist en	toil some	de coy'
ex ploit'	noise less	tur quoise'	de ploy'
foi ble	noi some	void ance	joy ous
foil	oil y	*oy*	loy al
foist	oint ment	an noy'	voy age

The sound represented by *ū* as heard in *mūte,* expressed by

u	con fute'	du te ous	in fu' sion
ab jure'	con jure'	e duce'	in ure'
ad duce'	con sume'	e lude'	jun ior
ad jure'	cu bit	ex clude'	ju ry man
al bu' men	cu rate	ex hume'	lu cid
al lude'	de but' (da bū')	ex ude'	lu cre
al lure'	de duce'	flu ent	lu nar
as tute'	de lude'	fu sion	lu rid
at tune'	de mure'	fu tile	mu cous
bi tu' men	de nude'	glu ten	mu ral
bu reau	de plume'	hu mid	mu ti ny
col lude'	de pute'	hu mor	nu tri tive
com mune'	dif fuse'	il lude'	ob scure'
com mun' ion	di lute'	im mure'	pel lu' cid
com mute'	dis pute'	im pugn'	pol lute'
com pute'	dis use'	im pure'	pre clude'
con clude'	du al	im pute'	pre sume'
con clu' sion	du ly	in clude'	pro fuse'
con duce'	dur ance	in duce'	pu er ile
con fuse'	du ress	in fuse'	pu tre fy

		ue	*ieu*
re cluse′	sut ure		
re duce′	tra duce′	en due′	a dieu′
re pute′	trans fuse′	en sue′	lieu
se clude′	tu me fy	im bue′	*eu*
se duce′	tu mor	in due′	eu lo gize
stu di o	tu nic	pur sue′	feud al
stu pe fy	u ni corn	sub due′	neu tral
stu pid ly	u ni form	ven due′	pleu ra
su et	u ni verse	*ew*	*ui*
suf fuse′	us age	es chew′	juic y
su i cide	u su rer	skew er	nui sance
su pine	u su ry	stew ard	pur suit′

REVIEW LESSONS.

Words pronounced nearly or quite alike but spelled differently.

cask, a barrel.

casque, a helmet.

ces sion, the act of ceding.

ses sion, the sitting of a court, or other assembly.

chol er, anger ; wrath.

col lar, dress for the neck.

clause, part of a sentence.

claws, the hooked nails of an animal.

coun cil or, a member of a council.

coun sel or, an adviser.

crew el, worsted yarn.

cru el, savage ; barbarous.

cyg net, a young swan.

sig net, a seal.

cym bal, a musical instru- ment.

sym bol, a type ; a sign.

dis cous, like a disk.

dis cus, a quoit.

fer ule, an instrument of cor- rection.

fer rule, a ring of metal.
fate, inevitable necessity.
fête, a festival.
fun gous, excrescent ; spongy.
fun gus, an order of plants.
grat er, that which grates.
great er, larger.
guild er, a Dutch coin.
gild er, one who gilds.
gilt, a thin covering of gold.
guilt, a crime ; an offense.
in dict', to accuse.
in dite', to compose ; to write.
limn, to draw or paint.
limb, a part of a body.

marque, a license to make reprisals.
mark, a line drawn, or a point made.
pal let, a small, rude bed.
pal ette, a painter's board.
psal ter, the book of Psalms.
salt er, one who salts ; more salt.
se ri al, appearing in successive parts.
ce re al, an edible grain.
ve nous, pertaining to the veins.
Ve nus, a fabled goddess.

Words spelled alike but pronounced differently.

ab stract, a concise statement; separated from.
ab stract', to take from.
clēan ly, in a clean manner.
clĕan ly, clean ; neat.
com pound, a mixture.
com pound', to mix different ingredients.
com press, a pad of soft cloth.
com press', to press together.
con crete, a composition of lime, sand, and pebbles.
con crete', to unite in one mass.

con jure, to bewitch.
con jure', to summon by a sacred name.
con flict', to contend.
con flict, a strife.
de tail', to relate particularly.
de tail, minute particulars.
di gest, a code of laws.
di gest', to dissolve in the stomach.
en trance, a passage for entering.
en trance', to charm.

es cort, a guard from place to place.

es cort', to accompany.

im press', to fix deeply.

im press, a mark made by pressure.

in cense', to enrage.

in cense, perfume burned in worship.

im print', that which is printed on the title-page of a book.

im print, to stamp with types.

pre lude, an introductory performance.

pre lude', to play an introduction.

pre mise', to explain previously.

prem ise, a statement made beforehand.

rec ord, a written statement of facts.

re cord', to make a written statement of facts.

ref use, worthless material.

re fuse', to decline to do or grant.

su pine', leaning backward; careless.

su pine, a part of speech in Latin.

Different ways of spelling the same word.

bar i tone	im pale'	lus ter	pa cha'
bar y tone	fel ly	lus tre	pa shaw'
ca liph	fel loe	me ter	ba shaw'
ca lif	found er y	me tre	pig my
clar i net	found ry	mis le	pyg my
clar i o net'	gip sy	miz zle	sa ber
coo ly	gyp sy	mort gage or'	sa bre
coo lie	hom mock	mort ga ger	sa vior
cocks comb	hum mock	nar whal	sa viour
cox comb	i dyl	nar wal	sa vor
de main'	i dyll	os pray	sa vour
de mesne'	ledg er	os prey	sil van
em pale'	leg er	pa sha'	syl van

sir up	sur loin	sub tile	su mach
syr up	spin ach	sub tle	wo ful
sir loin	spin age	su mac	woe ful

Silent Letters.

Initial.	cockroach	high-priest	slightly
gnarled	cockswain	huckster	snicker
gneiss	corselet	impugn	spikenard
heiress	deign	islet	starveling
heirloom	descend	kiln-dry	stickler
herbage	descent	malign	stockade
phthisic	dislodge	merely	tackling
phthisis	drachm	moisten	terseness
wholly	dudgeon	molten	transcend
wrangle	dumb-bell	mortgage	vaguely
wrapping	fidget	palmy	vengeful
wrathful	fierceness	partridge	victuals
wriggler	fighter	piquant	vignette
Intermediate.	fledgling	plumber	yachting
affright	flicker	rhetoric	*Terminal.*
arraign	flighty	safeguard	condemn
asthma	forebode	salt-rheum	debut
begrudge	forestall	scene	entomb
buckler	fraught	schism	harangue
buckram	ghastly	scirrhous	limn
buckthorn	gingham	seckel	solemn
campaign	grudge	sennight	*e final.*
changeling	hackle	shackle	abortive
cloven	haddock	shipwright	abstruse
cockade	hautboy	signer	accede
cockney	heighten	slaughter	achieve

adduce	endue	intrude	revenue
adhesive	ensure	inverse	revere
aggrieve	enthrone	issue	reverse
asperse	equine	liege	rosette
assuage	ermine	missile	ruble
assure	evasive	mortise	salvage
austere	febrile	nervine	sanguine
avalanche	fertile	noblesse	savable
bamboozle	finesse	noisome	sequence
bastille	fissile	nuisance	serene
bombazine	fissure	nutritive	serate
chafe	fixture	pellicle	servile
clearance	fizzle	pensile	shrinkage
concede	forborne	persuade	stampede
condense	forecaste	perverse	submerge
collapse	foreclose	pillage	suicide
compare	forte	pottage	surmise
cordage	fruitage	presume	suspense
dawdle	gangrene	pristine	suture
defense	garbage	programme	syllable
despise	garrote	puerile	syringe
disgorge	germane	quadrille	terene
dispense	granite	realize	termite
disperse	higgle	rehearse	toilsome
displease	imbrute	rejoice	transcribe
dissuade	imbue	remorse	vendue
diverge	immerge	replete	verdure
dotage	immerse	reprieve	vestige
durance	impede	reserve	village
effete	indorse	respite	waffle
ellipse	inhere	reticule	wattle
emerge	innate	retrieve	whiffle

Substitutes.

c like s	finance	prudence	accord
acid	fragrance	racy	accoutre
anthracite	grimace	rancid	accurate
assurance	incisive	recede	acquaint
ceaseless	incite	recently	addict
centaur	jaundice	recipe	alcoholic
cerebral	justice	recital	auricle
certify	lucid	renounce	bishopric
chalice	menace	riddance	cairn
chancel	nascent	romance	cajole
citadel	nicety	secede	carrier
citron	ordnance	seduce	cashier
civet	pacify	semblance	casque
civilize	pellucid	sincere	caustic
civilly	penance	solicit	claimant
cypress	penitence	solstice	classic
decease	perceive	sorcery	clayey
device	pittance	specify	cleavage
divorce	placid	stencil	clinic
docile	police	surplice	cobalt
dulcet	pomace	tacit	cocoa
efface	precede	terrace	cocoon
enhance	precept	tracery	codger
essence	precise	valance	cohere
exceed	preface	viscera	collate
excel	privacy	viscid	colleague
excite	proceed	*c like k*	collier
evince	process	abscond	commix
facile	province	acclaim	compeer

compete	decrease	postscript	subject
concur	decree	predict	succor
confer	deduct	priestcraft	succumb
confirm	defunct	rancor	syllabic
congeal	discourse	recluse	tactics
conserve	discreet	recourse	traffic
constrain	discuss	recruit	treacle
convene	ducat	rubric	typical
converge	ductile	sarcasm	uncouth
convey	edict	scalene	vacuum
coquette	extinct	scallion	vehicle
corrode	fabric	scaly	vesicle
corsair	falcon	scathe	vicar
corse	franc	scoria	*c like s and k*
coupon	frantic	scrawny	acceptable
construe	fulcrum	scripture	cadence
creole	gastric	scrofula	calcine
cribbage	hectic	scruple	capacity
cricket	incase	scurvy	caprice
critic	incrust	secant	circuit
critique	jocund	sector	civic
crone	lacquer	secular	coerce
crudeness	lucre	silica	commerce
crusade	morocco	skeptic	conceal
crystal	mulct	spectacle	conceit
curator	mystic	specter	conceive
curfew	obscure	spectrum	concern
cursive	occult	specular	concert
curtail	optics	spiracle	conduce
dactyl	placard	statics	cornice
decade	plastic	stucco	cowardice

credence	tetrarch	proviso	mountainous
crescent	trachea	quinsy	perilous
cycle	*s like z*	refuse	piteous
cynic	appraise	residue	pompous
ecstacy	arrears	resolute	porous
flaccid	atheism	revise	previous
scarcity	billiards	risible	pulpous
scenic	deism	tansy	rufous
sconce	demise	theism	serous
succint	deserve	trappings	sinuous
vaccine	designer	treason	tedious
ch like k	dessert	treatise	tortuous
anarchy	devise	turquoise	touchy
anchorage	diffuse	usurper	various
catechism	divers	venison	villous
chaos	excise	viands	vinous
chaotic	flimsy	visage	viscous
chemist	franchise	*ou like ŭ*	youngster
chloroform	fusee	bilious	*ti like sh*
choler	grisly	carious	abolition
cholera	guise	cumbrous	ambitious
chronic	hames	duteous	captious
chronicle	imposing	famous	cautious
chyle	incisor	fibrous	conditioned
chyme	inclose	flourish	creation
epoch	moorings	grievous	devotion
ochre	palsied	heinous	diction
orchis	peruse	joyous	factious
paschal	poise	leprous	fiction
schedule	poison	lustrous	fractious
strychnine	preside	monstrous	function

gumption	*ci like sh*	digraph	samphire
impartial	crucial	ephod	seraph
lotion	facial	naphtha	siphon
militia	ferocious	phaeton	sophist
nuptial	Grecian	phalanx	spheroid
option	nuncio	phantom	sulphur
partial	social	Pharisee	Tophet
potion	spacious	pharynx	trigraph
ratio	special	phase	triumph
sanction	specious	pheasant	triphthong
section	*ph like f*	phenix	trophy
suction	blasphemous	phlegm	typhoid
tertian	caliph	phonetic	typhoon
unction	camphene	physic	typhus
vitiate	dauphin	prophecy	zephyr

Words Liable to be Misspelled not included in previous Review Lists.

accession	beryl	colonel	debris
adieu	becalm	conduit	discern
alien	bestial	conscience	disguise
analysis	brilliant	corps	doughty
antenna	buoy	cortege	elect
antique	buoyant	counterfeit	embalm
anxiety	caitiff	courtier	eulogize
artillery	cartouch	crosier	eyrie
bailiff	cassia	crochet	fief
barouche	cayenne	cuirass	filial
bastion	chamois	dahlia	finny
beau	chocolate	daunt	forfeit

freight	lamprey	pleura	suction
frieze	landau	poniard	suavity
frontier	larynx	prologue	suffice (ze)
furlough	lien	raillery	suite
fusion	luscious	rescind	sybil
fustian	mattock	routine	tableau
gauger	measure	sapphire	taffeta
glacier	moneyed	scanning	tannin
glazier	mullion	scepter	tariff
gorgeous	myrrh	scission	teetotal
grandeur	naiad	scullion	tonnage
grotesque	nauseous	seizure	transient
grazier	onyx	senior	unique
guard	osier	sentient	valiant
guano	pageant	series	valise
gudgeon	pannier	shampoo	vandyke
hassock	paralyze	soiree	vengeance
hoosier	parterre	soldiery	version
hyssop	pastille	souchong	viscount
infusion	pelisse	souvenir	vision
intrigue	pillion	spaniel	visual
inveigh	pinion	stanchion	vizier
jalap	plantain	straightway	weazen
juicy	plateau	sturgeon	weighty

Form the Plurals of the following Words.

adding s	distaff	fillip	gyve
adherent	doubloon	frigate	halo
bureau	dragoon	guitar	leakage
devotee	fillet	guy	lessee

nereid	fortress	flurry	polity
quarto	parish	fogy	prodigy
quoit	potash	folly	rally
release	skirmish	frailty	rarity
sieve	suffix	gawky	remedy
simoom	tornado	glossary	sally
stoic	trespass	guaranty	sentry
surtout	windlass	harpy	strategy
adding es	*changing y to ies*	homily	study
abyss	academy	injury	subsidy
buttress	ally	laundry	theory
calash	aviary	malady	tory
climax	calamity	mutiny	tragedy
compass	calumny	navy	trinity
countess	charity	nullity	trumpery
cutlass	cranny	ovary	tyranny
despatch	dignity	parody	vagary
duchess	duchy	peony	verity
empress	elegy	perfidy	vestry
excess	fairy	policy	votary

NAMES OF PERSONS.

Males	Al phon' so	Ar chi bald	Ben ja min
A bra ham	Am a sa	A ri el	Ben o' ni
Ab sa lom	Am brose	Ar te mas	Ber nard
A dolph'	An tho ny	Ash bel	Bar nard
A dol' phus	An to ny	Bar na bas	Be thu' el
Al phe us	A pol' los	Ben e dict	Bon i face

Chris to pher	Is ra el	Raph a el	Em e line
Con stan tine	Ja i rus	Rod er ic	Er nes tine
E li' ab	Ja pheth	Ru dol' phus	Eu do' ra
E phra im	Jer e my	Se bas' tian	Fe lic' i a
E ras' mus	Ju li an	Se re' nus	Jo seph ine
E ras' tus	Laz a rus	Sil va' nus	Jus ti' na
Fer di nand	Lew el' lyn	Sil ves' ter	Lau rin' da
Fer nan' do	Ly cur' gus	Sim e on	La vin' i a
Fred er ic	Mal a chi	Sol o mon	Le ti' ti a
Ga bri el	Ma nas' seh	Syl ves' ter	Lil i an
Geof frey	Mar cel' lus	Thad de us	Lu cin' da
Gid e on	Mi chael	The o dore	Mad e line
Greg o ry	Or lan' do	Val en tine	Mar ga ret
Han ni bal	Phi lan' der	*Females*	Mel i cent
Her cu les	Pe leg	Ab i gail	Re bec' ca
Ho se' a	Per e grine	An toi nette'	Ros a mond
Humph rey	Phi le' mon	Ca mil' la	Try phe' na
Ich a bod	Phin e as	Cas san' dra	Try pho' sa
I sa' iah	Ptol e my	Chris ti' na	Vi o la

COMMON ABBREVIATIONS.

Account	Acct.	Bushels	Bush.
Amount	Amt.	Captain	Capt.
Answer	Ans.	Cents	Cts.
Arithmetic	Arith.	Chapter	Chap.
Barrel	Bbl.	College	Coll.
Brother	Bro.	Company	Co.

Congress	Cong.	North	N.
District	Dist.	North-east	N. E.
Doctor	Dr.	November	Nov.
Dollars	Dols.	Numbers	Nos.
Dozen	Doz.	Ounce	Oz.
Debtor	Dr.	Page	P.
East	E.	Peck	Pk.
Editor	Ed.	Pecks	Pks.
Example	Ex.	Post-master	P. M.
Figure	Fig.	Post office	P. O.
Foot, feet	Ft.	Pint	Pt.
Furlong	Fur.	Quarter	Qr.
Gallon	Gal.	Quarts	Qts.
General	Gen.	Question	Q. or Q'ies.
Gill, gills	Gi.	Railroad	R. R.
Grain, grains	Gr.	Receipt	Recpt.
Hundred	Hund.	Received	Recd.
Instant	Inst.	Reverend	Rev.
Interest	Int.	Right	Rt.
Island	Isl.	River	Riv.
Junior	Jr.	Saint	St.
Liquor	Liq.	South	S.
Magazine	Mag.	South-west	S. W
Major	Maj.	Square	Sq.
Manuscripts	MSS.	Street	St.
March	Mar.	Volume	Vol.
Master	Mr.	Volumes	Vols.
Mistress	Mrs.	Weight	Wt.
Mountain	Mt.	West	W.
Mountains	Mts.	Yard	Yd.
Music	Mus.	Yards	Yds.

FIFTH STEP.

The sound represented by $\bar{e}$ as heard in *mēte*, expressed by

e		
ab bre′ vi ate	con ge′ ni al	fa ce′ tious
ab ste′ mi ous	con tra vene′	fe al ty
ad her′ ence	con ven′ ience	fre quen cy
ad he′ sive ness	cot y le′ don	fu ne′ re al
al le′ giance	cri te′ ri on	ge ni al
al le′ vi ate	de cen cy	gen ius
a mel′ io rate	de ple′ tion	here a bouts
a me′ na ble	de pre′ ci ate	hy e′ na
an te ced′ ent	de vi ate	hy men e′ al
au te′ ri or	de vi ous	il le′ gal ly
ap pre′ ci ate	di ar rhe′ a	im me′ di ate
ar te′ ri al	dis o be′ di ent	in com plete′
be he′ moth	e go tism	in e′ bri ate
car nel′ ian	e gre′ gious	in fe′ ri or
cha me′ le on	e qua ble	in gen′ ious
chi me′ ra	e qual ize	in her′ ent
co e′ val	e qui nox	in ter cede′
co her′ ence	e qui poise	in ter fer′ ence
col le′ gi ate	ex cre′ tion	in te′ ri or
com plete′ ly	ex pe′ di ent	in ter vene′
com ple′ tion	ex pe′ ri ence	le ni ent
con cre′ tion	ex te′ ri or	ly ce′ um
	ex treme′ ly	ma te′ ri al

me di a tor

mel ior ate

me ni al

me te or

mys te' ri ous

ne o phyte

o be' di ent

ob se' qui ous

o me' ga

Pan the' on

per se ver' ance

ple be' ian

pre am ble

pre ced' ent

pre mi er

pre sci ence

pri me' val

pro ced' ure

re gen cy

re me' di al

re ple' tion

re qui em

se ced' er

se cre cy

se cre' tion

sper ma ce' ti

ste re o type

su pe' ri or

su per sede'

su per vene'

tra pe' zi um

tri he' dron

va le' ri an

ve he' mence

vice ge' rent

ea

ar rear' age

bleach er y

con ceal' ment

con geal' ment

de mean' or

dis ap pear'

en dear' ment

fea si ble

im peach' ment

ee

ab sen tee'

a gree' a ble

ap point ee'

as sign ee'

char i ot eer'

con sign ee'

deb au chee'

dis a gree' ment

dom i neer'

en fee' ble

en gi neer'

fee ble ness

free boot er

fric as see'

gaz et teer'

guar an tee'

in dis creet'

mort ga gee'

mu le teer'

mu ti neer'

nom i nee'

pri va teer'

ref er ee'

ref u gee'

rep ar tee'

sha green'

vel vet een'

vol un teer'

war ran tee'

The sound represented by *ā* as heard in *pāle*, expressed by

a

ab di ca' tion

a bat' a ble

a bate' ment

ab bre vi a' tion

a be ce da' ri an

ac cent u a' tion

ac cep ta' tion

ac cla ma' tion

ac com mo da' tion
ac cu mu la' tion
ac cu sa' tion
ad ap ta' tion
ad ja' cent
ad mi ra' tion
ad o ra' tion
ad u la' tion
ad van ta' geous
af fec ta' tion
af fi da' vit
af fir ma' tion
ag i ta' tion
ag gra va' tion
al ien ate
al li ga' tion
al ter a' tion
a maze' ment
am bus cade'
a mi a bly
am pli fi ca' tion
an i ma' tion
an nex a' tion
an ni hi la' tion
an no ta' tion
an tic i pa' tion
an ti qua' ri an
an ti slav' er y
a' pi a ry
ap pa ra' tus
ap pli ca' tion

ap pre ci a' tion
ap pro ba' tion
A ra' bi an
arch an' gel
ar gu men ta' tion
ar tic u la' tion
as pi ra' tion
as sas si na' tion
as so ci a' tion
au da' cious
aug men ta' tion
av o ca' tion
bar ri cade'
bas ti na' do
bur gla' ri ous
cal cu la' tion
can cel la' tion
cap ti va' tion
cas ti ga' tion
cau sa' tion
cel e bra' tion
ces sa' tion
ce ta' ceous
cham ber lain
cham pagne'
chas ten ing
chi can' er y
cir cu la' tion
ci ta' tion
civ il i za' tion
clas si fi ca' tion

co ag u la' tion
col la' tion
col on nade'
com pi la' tion
com pla' cent
com pu ta' tion
con dem na' tion
con den sa' tion
con fir ma' tion
con for ma' tion·
con gre ga' tion
con ser va' tor
con so la' tion
con stel la' tion
con ster na' tion
con sul ta' tion
con ta' gion
con ver sa' tion
con vo ca' tion
co-op er a' tion
cor o na' tion
cou ra' geous ly
cre a' tive
cre ta' ceous
cru sad' er
crus ta' cean
de bat' a ble
de ca' dence
dec la ma' tion
dec la ra' tion
dec o ra' tion

ded i ca′ tion

de face′ ment

def a ma′ tion

deg ra da′ tion

dep u ta′ tion

de range′ ment

der o ga′ tion

des ig na′ tion

des per a′ do

des per a′ tion

dic ta′ tor ship

di la′ tion

dis ar range′

dis en gage′

dis grace′ ful

dis sua′ sion

dis taste′ ful

ef face′ ment

e la′ tion

el e va′ tion

e ma′ ci ate

em bla′ zon

em bra′ sure

em pale′ ment

em u la′ tion

en dan′ ger

en gage′ ment

en grav′ er

en grav′ ing

en slave′ ment

e qua′ tion

e ras′ ure

es trange′

e va sion

ex hor ta′ tion

ex pa′ tri ate

ex pec ta′ tion

ex pla na′ tion

far ra′ go

fil tra′ tion

fla gran cy

fra ter nize

frus tra′ tion

gas con ade′

ge ra′ ni um

grad u a′ tion

gram ma′ ri an

gre ga′ ri ous

gy ra′ tion

her ba′ ceous

her ba′ ri um

im i ta′ tion

im pa′ tience

in ca′ pa ble

in fla′ tion

in for ma′ tion

in ter change′

in ter lace′

in to na′ tion

in va′ sion

ir ra′ di ate

ir ri ta′ tion

la bi al

le ga′ tion

li ba′ tion

lib er a′ tion

li bra′ ri an

lo qua′ cious

lum ba′ go

ma la′ ri a

man da′ mus

ma ni a

ma son ry

mas quer ade′

med i ta′ tion

mo sa′ ic

mu ta′ tion

ne ga′ tion

ob la′ tion

oc ta′ vo

op er a′ tion

out ra′ geous

o va′ tion

pa la′ tial

pal i sade′

pa tri arch

pa tri ot ism

pen e tra′ tion

per sua′ sion

pla ca ble

pla gia rism

pla gia ry

plan ta′ tion

plum ba' go

po ma' tum

pop u la' tion

po ta' tion

pre ca' ri ous

prep a ra' tion

pres er va' tion

prom e nade'

pro sa' ic

pug na' cious

pul sa' tion

quo ta' tion

ra di a tor

ra pa' cious

rec i ta' tion

rec re a' tion

re ga' li a

rep a ra' tion

rep u ta' tion

res ig na' tion

res pi ra' tion

rev e la' tion

sa ga' cious

sal e ra' tus

sa li ent

sal va' tion

sa pi ent

sa ti ate

sa vor y

sca li ness

sec ta' ri an

sen sa' tion

sep a ra' tion

se ta' ceous

sit u a' tion

so lic it a' tion

stag na' tion

sta tion er

sta tion er y

sub stra' tum

sul ta' na

temp ta' tion

te na' cious

tes ta' cean

trace a ble

trans lat' or

um bra' geous

va por y

va ri e gate

ve ra' cious

ver ba' tim

vex a' tious

vi va' cious

vo ra' cious

The sound represented by *û* as heard in *fûrl*, expressed by

u

burg o mas ter

churl ish

cur so ry

cur va ture

dis burse' ment

dis cur' sive

dis turb' ance

di ur' nal

ex cur' sion

ex pur' gate

fur ther ance

in cur' sion

in sur' gent

pre cur' sor

pur ga tive

re im burse'

sub urb' an

sur ger y

tur bu lent

tur mer ic

tur pen tine

tur pi tude

ur gen cy

The sound represented by ē̃ as heard in *tēr̃m*,[1] expressed by

e	e ner' vate	per pe trate
ad ver' si ty	e ter' nal	per qui site
ad ver' tise ment	ex ter' nal	per se cu tor
al ter' na tive	fer til ize	per ti nence
an ni ver' sa ry	fer ven cy	per ver' sion
as per' sion	fra ter' nal	per vi ous
as sert' or	ger mi nate	pre serv' a tive
a ver' ment	her mit age	re ver' ber ate
co er' cion	im mer' sion	re ver' sion
com mer' cial	im per' fect	ser pen tine
con cern' ing	in ad vert' ent	serv i tor
con cert' ed	in fer' nal	sub serv' i ent
con ver' gence	in ser' tion	sub ver' sion
con vert' i ble	in ter' pret	su per' la tive
de ser' tion	in ter sperse'	ter ma gant
de serv' ing	in tro vert'	ter ti a ry
de ter' mined	in verse' ly	ver bal ly
dis cern' i ble	mer can tile	ver bi age
dis cern' ment	mer chan dise	ver dan cy
dis con cert'	mer cu ry	ver di gris
dis per' sion	ob serv' ance	ver mi fuge
di ver' gence	pa ter' nal	ver sa tile
di ver' sion	per co late	ver te brate
di vert' ing	per ju ry	ver ti go
e mer' gent	per ma nence	*ea*
e mer' sion	per me ate	re hears' al

[1] For a discussion of this sound, see *Manual of Reading.*

The sound represented by ꬱ as heard in *fall*, expressed by

a		
	sau ci ly	form a tive
ba salt' ic	sau ri an	for mi da ble
dis in thrall'	tar pau' lin	for mu la
ex alt' ed	*o*	for ti fy
fal chion	ab sorp' tion	for ti tude
fal con er	ac cord' ing ly	fort u nate
fals i ty	ac cor' di on	gor mand ize
in stall' ment	con cord' ance	hence for' ward
sub al' tern	con cord' ant	hor ta tive
au	con form' a ble	im mor' tal
au di to ry	con tor' tion	in dors' er
au gu ry	cord ial	in or' di nate
au spi ces	cor du roy	mis fort' une
au thor ship	cor mo rant	mor tal ly
cau li flow er	cor ne a	mort gage or
cau ter ize	cor po ral	mor ti fy
de fault' er	cor po rate	or ches tra
ex haust' ion	cor pu lent	or de al
fraud u lent	cor pus cle	or di nal
haugh ti ly	de form' i ty	or di nance
hy draul' ics	de tor' tion	or di na ry
lau da num	dis cord' ant	or gan ize
lau re ate	dis or' gan ize	or tho dox
nau se a	dis tor' tion	or tho e py
nau tic al	e nor' mous	por phy ry
nau ti lus	ex or' bi tant	re morse' less
pau ci ty	ex tor' tion	scor pi on
plau si ble	for feit ure	sor cer er
pre cau' tion	form al ly	sub or' di nate

The sound represented by ō as heard in *lōne*, expressed by

o	de mo′ ni ac	ford a ble
a dor′ a ble	de plor′ a ble	fore bod′ ing
am mo′ ni a	de po′ nent	fore clos′ ure
ap por′ tion ment	de throne′ ment	for ger y
ap pro′ pri ate	de vot′ ed ness	glo ri ous ly
ar mo′ ri al	de vo′ tion al	his to′ ri an
a ro′ ma	dis clos′ ure	ho sier y
as so′ ci ate	dis com mode′	ig no′ ble
a tro′ cious	dis com pose′	in clos′ ure
au ro′ ral	dis pos′ al	in com mode′
ca jol′ er y	dis pro por′ tion	in de co′ rum
cer e mo′ ni al	droll er y	in dis pose′
co di fy	e lope′ ment	in dis posed′
co gen cy	em bold′ en	in ter pose′
col lo′ qui al	e mo′ tion	la bo′ ri ous
co lo′ ni al	en co′ mi um	lo cal ly
com mo′ di ous	en force′ ment	lo co mo′ tion
com mo′ tion	en gross′ er	me lo′ di ous
com po′ nent	en rol′ ment	me mo′ ri al
com pos′ er	en throne′ ment	mis no′ mer
com pos′ ure	e qua to′ ri al	mo ment a ry
comp trol′ ler	er ro′ ne ous	ne go′ ti ate
con do′ lence	ex plo′ sive	no tice a ble
con dol′ er	ex po′ nent	no to′ ri ous
con sol′ a ble	ex port′ er	ob o′ vate
con trol′ ler	fac to′ tum	o pi ate
co pi ous	fo li ate	op pro′ bri um
cor po′ re al	fo li o	o vert ure
de co′ rous	for ci bly	pa go′ da

pe tro' le um

pho to graph

po lar ize

port a ble

port fol' io

por ti co

post-of fice

po ta ble

po ten cy

po tent ate

pre co' cious

pro mo' tion

pro por' tion

pro pos' al

pro to type

rogu er y

rose ma ry

ro ta ry

scho li um

so cia ble

sto i cism

sup pos' a ble

tap i o' ca

up hol' ster y

vo cal ize

zo o phyte

ou

court li ness

mourn ful ly

ow

dis own'

fore know'

glow-worm

The sound represented by ĭ as heard in *pĭn*, expressed by

i

ab o li' tion ist

ab o rig' i nes

a bridg' ment

ac quit' tal

ac quit' tance

a dapt a bil' i ty

ad di' tion al

ad min' is ter

ad mis' si ble

ad mo ni' tion

af fin' i ty

am big' u ous

a mi a bil' i ty

am mu ni' tion

am phib' i ous

an tic' i pate

an tip' a thy

an tiq' ui ty

an tith' e sis

ap po si' tion

arch bish' op

a ris' to crat

a rith' me tic

Ar min' ian

ar tic' u late

ar tif' i cer

ar ti fi' cial

ar til' ler ist

as sid' u ous

as trin' gent

a the ist' ic al

at trib' ute

at tri' tion

aux il' ia ry

av a ri' cious

a vid' i ty

ben e dic' tion

ben e fi' cial

be nig' nant

bib u lous

biv ouac

brill ian cy

ca pa bil' i ty

ca pit' u late

cap tiv' i ty

car niv' o rous

cer tif' i cate

char ac ter is' tic

chiv al ric

chiv al ry

Chris ten dom

ci vil' ian

ci vil' i ty

co a li′ tion
co-ef fi′ cient
cog ni′ tion
col lis′ ion
com min′ gle
com mis′ sion
com mis′ sion er
com mit′ tal
com mixt′ ure
com pe ti′ tion
com po si′ tion
con cil′ i ate
con cis′ ion
con di′ tion al
con fis′ cate
con scrip′ tion
con sid′ er a ble
con sist′ ence
con sist′ ent ly
con sis′ to ry
con spic′ u ous
con spir′ a tor
con stit′ u ent
con stric′ tion
con strin′ gent
con tig′ u ous
con tin′ gence
con tin′ u al
con tin′ u ous
con tra dic′ tion
con trib′ u tor

con tri′ tion
con viv′ i al
co til′ lon
crim i nal ly
crit ic al
cru ci fix′ ion
cu pid′ i ty
cu tic′ u lar
cy lin′ dric al
de bil′ i ty
de cid′ u ous
de cliv′ i ty
de fi′ cient
def i ni′ tion
de fin′ i tive
de ist′ ic
de lib′ er ate
de li′ cious
de lin′ e ate
de lin′ quent
de liv′ er er
den ti′ tion
de riv′ a tive
de scrip′ tive
des ha bille′
de tri′ tion
dif fi cult
dif fi dence
dig ni fied
dig ni ta ry
dil i gence

di min′ u tive
din gi ness
dis a bil′ i ty
dis ci pline
dis crim′ i nate
dis fig′ ure
dis lo cate
dis mis′ sion
dis pir′ it
dis po si′ tion
dis pu ta ble
dis pu tant
dis si pate
dis so lute
dis till′ er
dis tinc′ tion
dis tin′ guish
dis trib′ ute
di vin′ i ty
di vis′ i ble
diz zi ness
do min′ ion
driv el er
e clip′ tic
e di′ tion
ef fi′ cient
e lic′ it
e lis′ ion
e lix′ ir
el lip′ sis
e mis′ sion

e nig' ma

en kin' dle

en list' ment

en rich' ment

em pir' ic

e pis' co pal

e pit' o me

e quiv' a lent

e quiv' o cal

ex cis' ion

ex hib' it

ex hil' a rate

ex ist' ence

ex pe di' tion

ex plic' it

ex po si' tion

ex tinc' tion

fa cil' i ty

fac ti' tious

fe lic' i ty

fes tiv' i ty

fick le ness

fic ti' tious

fid get y

fig ment

fig u ra tive

fil a ment

fil i gree

filth i ness

fin i cal

fix i ty

fla gi' tious

flim si ness

flip pan cy

flo til' la

for bid' ding

frank in' cense

friv o lous

fru i' tion

ful fill' ment

fu til' i ty

ges tic' u late

gib ber ish

gid di ness

gil ly flow er

go ril' la

guer ril' la

hid e ous

hip po drome

hith er to

hos til' i ty

hu mil' i ate

id i om

ig ne ous

ig ni' tion

ig no rance

il lic' it

il lit' er ate

ill-na tured

im age ry

im be cile

im bit' ter

im bri cate

im i ta tive

im ma nent

im mi grant

im mi nent

im mo late

im pe tus

im pi ous

im ple ment

im pli cate

im plic' it

im po tence

im pre cate

im pris' on

im pu dence

in ci dent

in cip' i ent

in cis' ion

in cre ment

in cu bate

in cu bus

in di cate

in di gence

in dig' nant

in dis tinct'

in di vid' u al

in do lence

in du rate

in fa mous

in fan tine

in fant ry

in fe lic′ i ty

in fer ence

in fi nite

in fin′ i tive

in fin′ i tude

in flic′ tion

in flu ence

in fringe′ ment

in im′ i cal

in iq′ ui ty

in i′ tial

in i′ ti ate

in no cence

in no vate

in quis′ i tive

in scrip′ tion

in sin′ u ate

in sip′ id

in so lence

in sti gate

in sti tute

in su lar

in su late

in te gral

in te grate

in tel lect

in ter course

in ter dict′

in ter lude

in ter mit′

in ter stice

in ter view

in ti mate

in tri cate

in trin′ sic

in vis′ i ble

ir ri gate

ir ri ta ble

is o late

i tin′ er ant

ju di′ cial

ju di′ cious

le git′ i mate

li a bil′ i ty

lib er al ly

lig a ture

lig ne ous

lin e age

lin e ar

lin guist′ ic

liq ue fy

liq ui date

lit a ny

lit er al

lit er a ry

lith o graph

lit i gate

lit ur gy

ma gi′ cian

mag nif ′ ic

ma li′ cious

ma lig′ nant

me dic′ i nal

me phit′ ic

me rid′ i an

mil i tant

mil i ta ry

min a ret

min i mum

min is try

min strel sy

mis an thrope

mis cel la ny

mis chiev ous

mis cre ant

mis er a bly

mis sion a ry

mis tle toe

mit i gate

mo bil′ i ty

mo ni′ tion

mu nic′ i pal

mu nif′ i cent

mu ni′ tion

no bil′ i ty

nu tri′ tion

ob lit′ er ate

ob liv′ i on

oc cip′ i tal

of fi′ cial

om nip′ o tent

om nis′ cience

om niv′ o rous

op po si' tion

op ti' cian

o rig' i nal

pa rish' ion er

par tic' i pate

par tic' u lar

pa tri' cian

pen in' su la

per di' tion

per fid' i ous

pe rim' e ter

per mis' sion

per ni' cious

per sist' ence

phi lip' pic

phy si' cian

pil lo ry

pin a fore

pin na cle

piq uan cy

pis ca to ry

pit i a ble

pit i ful ly

po lit' ic al

pol i ti' cian

pos til' ion

pre cip' i tant

pre dic' tion

prep o si' tion

prim i tive

prin ci pal ly

pro cliv' i ty

pro dig' ious

pro fi' cient

pro hib' it

pro lif' ic

pro mis' cu ous

pro pi' ti ate

pro pi' tious

prop o si' tion

pro vin' cial

prox im' i ty

pub lic' i ty

quad rill' ion

quin tu ple

ra pid' i ty

re cip' i ent

re cip' ro cal

rec og ni' tion

re frig' er ate

re it' er ate

re lig' ious

re lin' quish

re mis' sion

re mit' tal

re mit' tance

re mit' tent

ren di' tion

rep e ti' tion

re sid' u al

re sid' u um

re sist' ance

re trib' u tive

re vis' ion

re viv' i fy

ri dic' u lous

ri gid' i ty

rig or ous

ris i bil' i ty

sa pid' i ty

sa tir' ic

scin til late

script ur al

se di' tion

ser vil' i ty

sib yl line

sig nal ly

sig na ture

sig nif' i cant

sim plic' i ty

sin gu lar

sin is ter

So cin' i an

so lic' it ous

so lil' o quy

sop o rif' ic

spe cif' ic

spic u lar

spin ner et

sta bil' i ty

sta tis' tics

ste ril' i ty

stig ma tize

stim u lant

stin gi ness

stip u late

stu pid' i ty

sub lim' i ty

sub mis' sion

sub sist' ence

suc cinct' ly

suf fi' cient

su per fi' cial

su per sti' tion

sus pi' cion

sus pi' cious

sy rin' ga

tac ti' cian

tim o rous

tit il late

tra di' tion

tran scrip' tion

trans fig' ure

tran si' tion

trans mis' sion

trib u ta ry

trick er y

trip ar tite

trip li cate

u til' i ty

va nil' la

ven di' tion

ver mil' ion

vic' i nage

vi cin' i ty

vic to ry

vil i fi er

vil la ger

vil lain y

vin dic' tive

vir u lence

vis ion a ry

vit re ous

vit ri fy

vo cif' er ate

vo li' tion

whif fle tree

whim si cal

whip-poor-will

wit ti cism

y

chrys a lis

crys tal lize

cyn o sure

E gyp' tian

e lys' ian

hyp o crite

lyr ic al

met a phys' ics

myr i ad

mys ti cism

O lym' pic

par a lyt' ic

phys ic al

po lyg' a my

pyr a mid

syc o phant

syl lo gism

sym bol ize

syn co pe

sym me try

sym pa thize

sym pho ny

syn a gogue

syn o nym

syn the sis

sys tem a tize

tym pa num

tyr an nize

ui

guilt i ness

The sound represented by *ĕ* as heard in *mĕt*, expressed by

e

a bet' tor

ab ject' ness

ab sent' er

ac a dem' ic al

ac cel' er ate

ac cent' u ate

ac cept' a ble ness

ac cess' i ble

ac ci dent′ al ly
ac qui esce′
ad vent′ ur er
af fec′ tion ate
al i ment′ a ry
al lege′
al pha bet′ ic al ly
al to geth′ er
A mer′ i can ize
an ces′ tral
a nem′ o ne
ap pel′ la tive
ap pre hen′ si ble
ap pre hen′ sion
ap pren′ tice ship
ar chi pel′ a go
ar gu ment′ a tive
ar ith met′ ic al
as cend′ en cy
as cet′ ic
as sem′ blage
as sent′ ing
as sess′ ment
ath let′ ic
at mos pher′ ic
at ten′ u ate
at test′ or
au ster′ i ty
au then′ ti cate
bag a telle′
be nef′ i cent

be nev′ o lence
bet ter ment
bi en′ ni al
bi seg′ ment
cal is then′ ics
ca mel′ o pard
cat e chet′ ic
cel e bra ted
ce leb′ ri ty
ce ler′ i ty
ce les′ tial
cel i ba cy
cel lu lar
cem e ter y
cen sur a ble
cen ten′ ni al
cen ti grade
cen tral ize
cen tu ple
cer e mo ny
chem ic al
chem is try
cir cum vent′
clan des′ tine
clem en cy
cler ic al
co a lesce′
col lect′ ive
col lect′ or
com mem′ o rate
com mence′ ment

com mend′ a ble
com men′ su rate
com pend′ i um
com pen′ sate
com pet′ i tor
com pre hend′
com press′ i ble
com pres′ sion
con cen′ trate
con cep′ tion
con ces′ sion
con dens′ er
con de scend′
con fec′ tion
con fec′ tion er
con fed′ er ate
con fes′ sion al
con fi den′ tial
con ges′ tion
con gres′ sion al
con ject′ ure
con sci en′ tious
con sec′ u tive
con se quen′ tial
con tem′ ner
con tem′ plate
con tempt′ i ble
con tent′ ed ness
con ten′ tious
con ti nent′ al
con va les′ cent

con ven' tion al

cor rect' ive

cos met' ic

co tem' po ra ry

cre den' tials

cred it a ble

crep i tate

de bent' ure

dec a gon

dec a logue

dec i mal

dec i mate

de clen' sion

dec re ment

de crep' i tude

de fec' tion

def i cit

de flec' tion

de gen' er ate

de jec' tion

del e gate

del i ca cy

dem a gogue

de ment' ed

de mer' it

dem i john

den si ty

dep re cate

dep re date

de pres' sion

der e lict

de scend' ant

des e crate

des o late

des pi ca ble

des pot ism

des ti ny

des ti tute

de test' a ble

det ri ment

de vel' op

dev il ish

dex ter' i ty

di ges' tion

di gres' sion

di lem' ma

di men' sion

dis af fect'

dis con tent'

dis cred' it

dis cre' tion

di shev' el

dis in fect'

dis in her' it

dis pen' sa ble

dis pos sess'

dis re spect'

dis sec' tion

dis sem' ble

dis sen' sion

dis sent' er

dis sev' er

dis tem' per

dis ten' tion

di vest' ure

do mes' tic

dys pep' sia

eb on y

ec cen' tric

ec lec' tic

ed i fy

ed u ca tor

ef fect' ive

ef fer vesce'

ef fi ca cy

ef fi gy

ef flo resce

ef flu ence

eg lan tine

e jec' tion

e lec' tric al

el e gance

el e ment' al

el e va tor

el i gi ble

el o quence

em a nate

em bas sy

em bel' lish

em bez' zle

em bry o

em er ald

em er y

em i nence	e vent' u al	fed er al
em per' il	ex ca vate	fel o ny
em per or	ex cel lence	fem i nine
em pha sis	ex cep' tion	fer ri age
en er gize	ex cess' ive	fer ry man
en gen' der	ex cre ment	flex u ous
en gine ry	ex cres' cence	fo ren' sic
en ter prise	ex e crate	gel a tine
en ti ty	ex e cute	gen er a
en vi ous	ex ec' u tor	gen er al ize
ep au let	ex ec' u trix	gen er ate
ep i cure	ex emp' tion	ge ner' ic
ep i dem' ic	ex e quies	gen e sis
ep i gram	ex i gence	gen u ine
ep i lep sy	ex o dus	hec a tomb
ep i logue	ex or cise	hem or rhage
ep i sode	ex pec' to rate	hep ta gon
ep i taph	ex pe dite	her ald ry
ep i thet	ex per' i ment	he red' i ta ry
eq ui page	ex pi ate	her e sy
eq ui ty	ex ple tive	her e tic
e rec' tion	ex pli cate	her it age
er u dite	ex press' ive	her met' ic
es cu lent	ex qui site	her o ine
es pe' cial	ex tem' po re	hex a gon
es say ist	ex ten' si ble	hys ter' ic
es sen' tial	ex ten' u ate	il leg' i ble
es ti mate	ex tri cate	im mense' ly
et i quette	fal set' to	im ped' i ment
ev a nes' cen.	Feb ru a ry	im pend' ing
e vent' ful	fec u lence	im per' a tive

im per' il

im preg' nate

im pres' sion

im press' ment

in cen' tive

in cep' tion

in ces' sant

in clem' ent

in del' i cate

in di rect'

in fec' tious

in fec' tion

in gen' u ous

in jec' tion

in sen' si ble

in spec' tion

in teg' ri ty

in tel' li gent

in tense' ly

in ten' tion

in ter cept'

in ter ces' sor

in ter jec' tion

in ter' ro gate

in ter sect'

in tes' tate

in tes' tine

in trench' ment

in trep' id

in vec' tive

in ves' ti gate

in vest' ment

ir rel' e vant

jes sa mine

leg a cy

leg er-line

leg is late

len i ty

leth ar gy

li cen' tious

lieu ten' ant

mech an ism

med i cate

med i ta tive

mel o dy

mem bra nous

me men' to

mem o ra ble

men di cant

mer ri ment

mes mer' ic

mes mer ism

met a phor

me theg' lin

Meth od ist

met ric al

mign on ette'

mil len' ni um

mo ment' ous

mo men' tum

neb u lous

nec es sa ries

ne ces' si ty

nec ta ry

non sens' ic al

nu mer' ic al

ob ject' ive

ob scen' i ty

of fen' sive

op pres' sion

o ri ent' al

or na ment' al

pal met' to

pa ren' the sis

pa thet' ic

pec u late

ped a gogue

ped ant ry

ped es tal

pen al ty

pend u lous

pen i ten' tial

pen ta gon

Pen ta teuch

Pen te cost

per ad vent' ure

per cent' age

per cep' tion

per emp' to ry

per en' ni al

per i carp

per i phrase

per ish a ble

per pet' u al

per plex' i ty

per spec' tive

pes ti lence

plen i tude

pleth o ra

por tent' ous

pos ses' sion

pos ter' i ty

po ten' tial

prec e dent

pre cen' tor

pre cep' tor

prec i pice

pred a to ry

pred i cate

pre emp' tion

pref er a ble

pre hen' sile

prej u dice

pre req' ui site

pres by ter

pres i den cy

pre ten' tious

pret er it

prev a lence

pre ven' tion

pro ces' sion

pro gres' sion

pro ject' ile

pro jec' tion

pro spect' ive

pros per' i ty

pru den' tial

pu tres' cence

quer u lous

qui es' cent

quin tes' sence

re bell' ious

rec og nize

rec ol lect'

rec on cile

rec on dite

rect an gle

rec ti tude

red o lent

ref er ence

re flect' or

reg i cide

reg i men

reg is ter

reg is trar

reg u la tor

rel e vant

ren dez vous

ren e gade

ren o vate

re pel' lent

re pent' ant

rep e tend'

re plev' in

rep re hend'

re pres' sion

rep ri mand

rep ro bate

req ui site

re sem' blance

res i dence

res o nance

re spect' a ble

re splen' dent

re ten' tive

ret i nue

ret ro grade

ret ro spect

rev el ry

rev er ence

rev er y

rev o ca ble

sat i net'

se ces' sion

sec re ta ry

sec u lar ize

sed en ta ry

sed u lous

sem i na ry

sen a tor

sen su al

sen ten' tial

sen ti nel

sep a ra ble

sep ul cher

se ques' ter

sev er al ly

sev er ance

se ver' i ty

sex tu ple

sin cer' i ty

skep ti cism

spe cial ty

spec u la tor

spher ic al

steth o scope

sti let' to

stu pen' dous

suc ces' sion

suc ces' sor

sup pres' sion

sus cep' ti ble

sus pen' sion

tech nic al

tel e scope

tem per ance

tem po ral

tem po ra ry

tem po rize

tend en cy

ten der loin

ter a phim

ter ra pin

ter ri to ry

tes ti ly

tran scend' ent

tre men' dous

trem u lous

trench' ant

tri en' ni al

veg e ta ble

veg e ta tive

ven ti duct

ven ti la tor

ven tri cle

vent ur ous

ver i ta ble

ea

com mon weal'th'

dis pleas' ure

dread ful ly

en deav' or

head stall

jeal ous ly

meas ur a ble

read i ly

treach er y

treas ur er

ie

friend li ness

ue

co quet' ry

ei

non pa reil'

eo

jeop ard y

The sound represented by ă as heard in *măt*, expressed by

a

ab la tive

ab ro gate

ab scess

ab so lute ly

ab stract

ab stract ly

a cad' e mist

act u al ly

ac cu ra cy

ad a mant

ad e quate

ad jec tive

ad mi ra ble

ad mi ra bly

ad verb

ad verse ly

af fa ble

af fa bly

ag gran dize

ag gra vate

ag gre gate

ag ile

ag i tate

ag i ta tor

al a bas ter

al mon er

al ter cate

al ti tude

a mal' gam

am a teur

am bas' sa dor

am bler

am bro type

am bu lance

am e thyst

am i ca ble

an a bap' tist

a nal' o gy

an a lyst

a nath' e ma

a nat' o mist

An gli can

an gli cize

an i mal' cule

an i mal' cu la

an nu al ly

an o dyne

an swer a ble

an tag' o nist

an ti christ

ap o gee

ap o plex y

ap po site

ap ter ous

apt i tude

ar is to crat' ic

ar ro gate

as sas' sin ate

at tract' ive ness

au dac' i ty

au to crat' ic

au to graph' ic al

ax il la ry

bac cha nal

bap tis ter y

bar on age

bas i lisk

be at' i tude

ben e fac' tress

bi valv' u lar

bri tan' ni a

bru tal' i ty

ca dav' er ous

cal a bash

ca lam' i tous

cal cu la tive

cal cu lus

cal u met

can ni bal ism

can on ize

ca par' i son

cap il la ry

cap i tal ist

cap tain cy

car i ca ture

cas si mere

cas so wa ry

cas u al ty

cat a comb

ca tas' tro phe

cat e chist

cat e go ry

cat er waul

cav al cade

cham o mile

cham pi on

chap lain cy

char ac ter ize

chas tise ment

chas ti ty

Chris tian' i ty

chro mat' ic

cis al' pine

cis at lan' tic

clam mi ness

clam or ous

clar i fy

co ag' u lum

com pan' ion

com par' a tive

com par' i son

com pas' sion

com pat' i ble

con grat' u late

con tam' i nate

con tract' ed

co ri an' der

coun ter act'

dal li ance

das tard ly
de cant' er
de cap' i tate
de prav' i ty
de tach' ment
de trac' tion
de vas' tate
di ag' o nal
di dac' tic
di lap' i date
dip lo mat' ic
dis ad van' tage
dis as' ter
dis as' trous
dis fran' chise
dis man' tle
dis par' age
dis trac' tion
dram a tize
du al' i ty
ec stat' ic
e jac' u late
e lab' o rate
e las' tic
e man' ci pate
em bar' rass
em phat' ic al
en act' ment
en am' el
en am' or
en camp' ment

en fran' chise
en rapt' ure
en sam' ple
en tan' gle ment
es pal' ier
es tab' lish
e vac' u ate
e van' gel ize
e vap' o rate
ex ag' ger ate
ex am' ine
ex am' ple
ex pan' sion
ex trac' tion
ex trav' a gant
fab ri cate
fab u lous
fac ul ty
fal la cy
fal li ble
fa nat' ic
fan dan' go
fan tas' tic
far ri er
fas ci cle
fas ci nate
fash ion a ble
fa tal' i ty
fat u ous
fi nan' cial
flab bi ness

flag el late
flag eo let
flat ter er
flat u lence
fran chise ment
fran gi ble
frat ri cide
gal ax y
gal lant ly
gal li pot
gal van ize
gan gli on
gar ru lous
gas e ous
gen e al' o gy
gen er al' i ty
gi gan' tic
grad u al ly
gran u lar
grat i fy
grav i tate
gym nas' tics
hab it a ble
hal cy on
hand i craft
haz ard ous
hi lar' i ty
ho san' na
im pan' el
im pas' sion
im pas' sive

in ac' cu rate

in ad' e quate

in fal' li ble

in fat' u ate

in flam' ma ble

in frac' tion

in hab' it ant

in san' i ty

in stan' ter

in val' i date

i ras' ci ble

i tal' ics

Jac o bin

lab y rinth

lac er ate

lac te al

lam ent a ble

lam i na

las si tude

lat er al

le gal' i ty

lib er al' i ty

lo cal' i ty

mac er ate

mag ic al

mag is trate

mag net ism

mag ni fi er

maj es ty

mal le a ble

man a cles

man age ment

man i fest

man i kin

man ner ism

man tu a

man u al

man u fact' ure

mar i time

mas ti cate

mas to don

math e mat' ics

mat ri cide

mat ri mo ny

mat u rate

max il lar

max i mum

me an' der

me chan' ics

me dall' ion

min er al' o gy

mis an' thro py

mis un der stand'

mo nas' tic

mor tal' i ty

mu ri at' ic

mul ti pli cand'

nar ra tive

nat u ral ist

nav i gate

neu tral' i ty

no mad' ic

op er at' ic

o rac' u lar

or gan' ic

pal a ta ble

pal li ate

pal ma ted

pal pa ble

pal pi tate

pan cre as

pan o ply

pan the ism

pan to mime

pa rab' o la

par a chute

par a digm

par a dox

pa ral' y sis

par a mount

par a pet

par a phrase

par o quet

par ox ysm

par ri cide

pas sion ate

pat ri mo ny

pat ron age

pe dant' ic

pen tag' o nal

per am' bu late

phleg mat' ic

pi las' ter

plant i grade

plat i tude

plu ral' i ty

pneu mat' ics

po lar' i ty

pome gran' ate

port man' teau

prac ti ca ble

pre par' a to ry

pre var' i cate

pris mat' ic

pro cras' ti nate

pro fan' i ty

quack er y

quad rat' ic

ran cor ous

ra pac' i ty

rapt ur ous

ras cal' i ty

ra tion al

rav en ous

re fract' o ry

re gat' ta

re tal' i ate

re tract' ile

re trac' tion

rhap so dy

rheu mat' ic

ro man' cer

Sab a oth

Sab bat' ic

sac cha rine

sac ra ment

sac ri fice

sac ri lege

Sad du cee

sa gac' i ty

sal a ried

sal i va ry

sal u ta ry

sanc ti fy

San he drim

san i ta ry

sat el lite

sat ir ist

sat u rate

sat ur nine

sa van' na

scan dal ous

scap u lar

scho las' tic

se ragl' io

se raph' ic

stag nan cy

sta lac' tite

sta lag' mite

stat u a ry

stat u to ry

strat a gem

strat e gist

sub stan' tial

tab la ture

tac i turn

tal is man

tan ta lize

tan ta mount

tap es try

tax i der my

to bac' co nist

tract a ble

traf fick er

tran quil ly

trans fer ence

tran si tive

trans mi grate

trav es ty

ty ran' nic

u nan' i mous

ur ban' i ty

vac il late

val or ous

van dal ism

vas cu lar

vi vac' i ty

vo rac' i ty

ua

guar an tor

The sound represented by ŏ as heard in *nŏt*, expressed by

o		
a bom' i nate	bel la don' na	com mod' i ty
ab scond' er	bib li og' ra pher	com mo dore
ac com' mo date	bi og' ra phy	com mon er
ac com' mo da ting	bi ol' o gy	com pe tence
a crop' o lis	bron chi al	com ple ment
ad mon' ish er	car bon' ic	com pli cate
a dop' tion	ca rot' id	com pos' ite
al lot' ment	ca thol' i cism	com pos' i tor
an a con' da	chol er ic	com pro mise
an i mos' i ty	chron i cler	con chol' o gy
a nom' a lous	chro nol' o gy	con coc' tion
a nom' a ly	clod hop per	con cu bine
a non' y mous	coch i neal	con di ment
a pol' o gist	cock a trice	con fi dant
a pol' o gize	cod i cil	con flu ence
ap os tol' ic al	cog i tate	con gre gate
a pos' tro phe	cog ni zance	con ju gal
a poth' e ca ry	coll ier y	con ju gate
ap prox' i mate	col lo cate	con quer a ble
ar is toc' ra cy	col lo quy	con scious ness
as ton' ish ment	col o nist	con se crate
as trol' o ger	col o nize	con se quent ly
as trol' o gy	col o ny	con sol' i date
as tron' o mer	co los' sal	con so nance
a tom' ic	com bat ant	con stan cy
a troc' i ty	com e dy	con sti tute
au to bi og' ra phy	com ic al	con su lar
au tom' a ton	com i ty	con su late
	com men ta ry	con tra band

con tra ries

con tro ver sy

con tu ma cy

con tu me ly

con ver sant

con verse ly

co-op' er ate

cop per as

cop per plate

cop y right

cor re spond'

cor rob' o rate

cos mol' o gy

cos mop' o lite

cot ta ger

cot ton y

crotch et y

cu ri os' i ty

de coc' tion

de moc' ra cy

de mon' strate

de nom' i nate

de pop' u late

de pos' i tor

de spond' ent

des pot' ic

dis con' so late

dis hon' est

dis hon' or

dis solv' ent

doc tor ate

doc tri nal

doc u ment

dol o rous

dom i cil

dom i nant

drop sic al

e con' o mize

e con' o my

em bod' y

e mol' li ate

en to mol' o gist

ex on' er ate

ex ot' ic

ex post' u late

fe roc' i ty

fog gi ness

fop per y

fos sil ize

front is piece

gas om' e ter

ge og' ra pher

ge ol' o gist

ge om' e ter

glob u lar

gon do la

gos sa mer

har mon' ic

hob gob lin

hom i cide

hon or a ble

hos pi ta ble

hos pi ta bly

hy poth' e sis

id i ot' ic

i dol' a ter

im mod' er ate

im post' ure

im promp' tu

in com' pe tence

in con' stant

in solv' ent

in tol' er ant

joc u lar

log ic al

lot ter y

ma don' na

ma son' ic

me thod' ic

me trop' o lis

mne mon' ics

moc ca sin

mod i cum

mod i fi er

mod u late

mol e cule

mol li fy

mon arch ist

mon o gram

mo nop' o ly

mon o tone

mo not' o ny

mon strous lv

my thol' o gy

nar cot' ic

nom i nal

ob du rate

ob du ra cy

ob li gate

ob lo quy

ob nox' ious

ob se quies

ob so lete

ob sti na cy

oc ci dent

oc ci put

oc cu pant

om i nous

on er ous

op er a tive

op ti mist

op u lence

os cil late

os se ous

os te ol' o gy

os tra cism

ox y gen

pa rot' id

phe nom' e non

phi lol' o gy

phi los' o pher

phos phor us

Pla ton' ic

po mol' o gy

pom pos' i ty

pon der ous

pop u lace

po ros' i ty

por rin ger

post u late

pre coc' i ty

pre pon' der ate

pre pos' ter ous

pre rog' a tive

pro bos' cis

prof it a ble

prof li gate

prog e ny

prom i nence

prom is so ry

prom on to ry

prop a gate

pros e cute

pros e lyte

Prot est ant

prov i dence

prox i mate

psy chol' o gy

re mon' strance

re solv' a ble

re solv' ent

re spond' ent

re spon' si ble

rhi noc' e ros

schol ar ship

scle rot' ic

sol em nize

sol i ta ry

solv en cy

som no lence

soph ist ry

soph o more

ste nog' ra phy

syn op' sis

tau tol' o gy

Teu ton' ic

the oc' ra cy

the ol' o gy

ther mom' e ter

tol er a bly

to pog' ra phy

ty pog' ra phy

ve loc' i ty

ver bos' i ty

zo ol' o gy

a

e qual' i ty

quad ran gle

quar an tine

war ran ty

ow

ac knowl' edg ment

fore knowl' edge

The sound represented by *ŭ* as heard in *nŭt*, expressed by

u

ab rup' tion	cul mi nate	fore run' ner
ab rupt' ness	cul pa ble	fruc ti fy
a but' ment	cul ti vat ed	ful mi nate
ad duc' tion	cul ti va tor	func tion al
ad junct' ive	cum ber some	glut ton ous
a dul' ter ate	cur rent ly	gun ner y
ag ri cult' ur ist	cus pi date	gun stock
a lum' nus	cus to dy	gut tur al
an nul' ment	cus tom a ry	husk i ness
as sump' tion	de cum' bent	il lus' trate
blun der buss	de duc' tion	im pul' sive
ca lum' ni a tor	de nun' ci a tor	in as much'
cir cum' fer ence	de struc' tion	in cor rupt'
cir cum' flu ence	dis an nul'	in cul' cate
com bus' tion	dis cus' sion	in cul' pate
com pul' sion	dis rup' tion	in cum' bent
com pul' sive	dis trust' ful	in cum' brance
com punc' tion	drudg er y	in duc' tion
con cur' rence	dul ci mer	in dul' gence
con cus' sion	ef ful' gent	in dus' tri ous
con junc' tion	en cum' ber	in junc' tion
con struct' er	e nun' ci ate	in struc' tion
con sum' mate	e rup' tion	in ter rup' tion
con sump' tive	ex cul' pate	in tro duc' tion
co nun' drum	ex pul' sion	in un' date
con vul' sion	ex ult' ant	ir rup' tion
cor rupt' i ble	fluct u ate .	jus ti fy
co rus' cate	flum mer y	lull a by
	for as much'	mul ti form

mul ti ped

mul ti pli er

mum mer y

nul li fy

pe dun' cle

pe num' bra

per cus' sion

pre sump' tion

pre sumpt' u ous

pro pul' sion

pul ver ize

punct u al

pun gen cy

re cum' bent

re duc' tion

re dun' dant

re ful' gence

re luc' tant

re pug' nance

re pul' sion

re sump' tion

re sus' ci tate

re vul' sion

ro tun' da

rud di ness

rus tic ate

scur ril ous

se duc' tion

se pul' chral

shrub ber y

smut ti ness

sub li mate

sub se quent

sub si dize

sub stan tive

sub ter fuge

sub tle ty

suc cu lence

suf fer ance

suf fo cate

sulk i ly

sum ma ry

sumpt u ous

sup ple ness

sup pli ant

sup pli cate

sup pu rate

sur ro gate

sus te nance

tri cus' pid

tri umph' ant

tri um' vir

ul cer ous

unct u ous

up per most

o

ac com' pa ny

col an der

com fort er

cov e nant

cov ert ly

cov et ous

dis com' fit

dis com' fort

en com' pass

gov ern ment

som er set

sov er eign

ou

dis cour' age

en cour' age

touch i ness

The sound represented by *ī* as heard in *pine*, expressed by

i

ac cli' mate

ac quir' a ble

ad ver tis' er

ad vis' a ble

ad vi' so ry

af fi' ance

Al bi' no

al li' ance

an ni' hi late

as crib' a ble

as sign' a ble

as sign' er

blithe some

bron chi' tis

co in cide'

com bin' ing

com pil' er

com pli' ance

com pli' ant

con cise' ly

con niv' ance

con sign' ment

con triv' ance

de cid' ed ly

de ci' pher

de ci' sive

de clin' a ble

de cri' al

de fi' ance

de file' ment

de fin' a ble

de ri' sive

de riv' a ble

de sir' ous

de vis' or

di a dem

di a lect

di a phragm

di et a ry

di o cese

dis ci' ple

dis in cline'

dis o blige'

di verse ly

en light' en

en liv' en

en tice' ment

en tire' ty

en ti' tle

en vi' ron

ex cit' a ble

fa ri' na

fi nal ly

fin er y

fri a ble

fright ful ly

hi e rarch y

high land

im pi' e ty

im pro vise'

in cite' ment

in dict' ment

in quir' y

in ter line'

in vi' o late

i ron y

i sin glass

le vi' a than

li bel ous

mi cro cosm

mi cro scope

might i ly

mi ser ly

ni tro gen

pi ra cy

pli an cy

pri ma ri ly

pro pri' e ty

re fine' ment

re fin' er

re pris' al

re vi' so ry

ri ot ous

sa ti' e ty

si ne cure

so bri' e ty

so ci' e ty

stri a ted

sub sid' ence

su i cid' al

su per scribe'

su per vise'

su pine' ly

sur pris' al

sur viv' al

trans pire'

va ri' e ty

vi a duct

vi o la ble

vi o lence

vi tal ly

y

hy dro gen

pa py' rus

The sound represented by $\bar{u}$ as heard in *mute,* expressed by

u	de du' ci ble	il lu' mine
ab lu' tion	de lu' sion	il lu' sion
ac cu' mu late	dif fuse' ly	il lu' sive
a cu' men	dif fu' sion	im ma ture'
a cu' mi nate	di lu' tion	im mut' a ble
af fu' sion	di lu' vi al	im por tune'
al lure' ment	dis a buse'	im pu' ri ty
am bi gu' i ty	dis re pute'	in clu' sive
an te di lu' vi al	dis un' ion	in cur' a ble
bi tu' mi nous	du bi ous	in duce' ment
cæ su' ra	du pli cate	in fu' ri ate
cen tu' ri on	ef fu' sion	in fu' si ble
cir cu' i tous	el o cu' tion	in ge nu' i ty
co ad ju' tor	e lu' ci date	in ju' ri ous
co ad ju' trix	en dur' ance	in tro duce'
col lu' sion	en thu' si ast	ju bi lant
com mu' ni cant	e nu' mer ate	ju ve nile
com mu' ni cate	ex clu' sion	lu cu brate
com mu' ni ty	ex cus' a ble	lu mi nous
com put' er	ex u' ber ant	lu na cy
con clu' sive	fa tu' i ty	lu na tic
con du' cive	flu en cy	lux u' ri ant
con jur' er	flu ent ly	ma tu' ri ty
con sti tu' tion	for tu' i ty	mu ta ble
con tri bu' tion	fu gi tive	mu ti nous
con tu' sion	fu mi gate	mut u al ly
cre du' li ty	fu si ble	nu cle us
cu li na ry	hu man ize	nu tri ment
cu mu late	hu mor ous	op por tune'

pe cul' iar ly	pu gil ist	se cu' ri ty
pe cun' ia ry	pu is sant	spu ri ous
per fum' er y	Pu ri tan	trans fu' sion
per se cu' tion	pur su' ance	traus lu' cent
pol lu' tion	re cu' per ate	tri bu' nal
pre clu' sion	re du' ci ble	tu ber cle
pre ma ture'	re mu' ner ate	tu ber ous
pre sum' a ble ·	re pu' di ate	tu te lage
pro duc' er	rev o lu' tion	tu tor age
pro fu' sion	sa lu' bri ty	u su' ri ous
pu ber ty	se clu' sion	va cu' i ty

REVIEW LESSONS.

Words containing Silent Letters.

Initial.	chastening	exhaustion
honorable	chastisement	exhibit
mnemonics	Christendom	exhilarate
pneumatics	condescend	exhortation
psychology	consignee	extremely
Intermediate.	copyright	falconer
abscess	corpuscle	fickleness
acknowledgment	demijohn	foreknowledge
adhesiveness	descendant	forerunner
adversely	diarrhea	frightfully
aggrandizement	dishonest	ghastliness
answerable	drudgery	guarantee
assignable	enginery	gunstock
assignee	enlighten	haughtily

hemorrhage
highland
imagery
immensely
indictment
infringement
inversely
manacles
masquerade
mightily
mignonette
mistletoe
mortgagee
obscenity
paradigm
piquancy
pomegranate
rhapsody
rheumatic
rhinoceros
rosemary
scintillate
seraglio
sovereign
subtlety
suppleness
trafficker
transcendent
whiffletree

e final

admissible

aggravate
aggregate
allege
alternative
anodyne
ascribable
bagatelle
cassimere
cauterize
colonnade
connivance
contemptible
convertible
corruptible
crystallize
dishabille
discursive
dispensable
dissipate
dissolute
effluence
eligible
emolliate
equipage
extensible
fallible
fashionable
forfeiture
frontispiece
furtherance
hippodrome

illegible
innocence
intercourse
intersperse
jessamine
malleable
maritime
mercantile
narrative
oscillate
palisade
pinnacle
placable
promenade
propagate
proselyte
recondite
reference
respectable
retinue
sacrifice
separable
serpentine
sibylline
subsidence
supposable
titillate
tripartite
turpitude
tutelage
tyrannize

variegate	*ue final*	epilogue
vegetable	decalogue	pedagogue
versatile	demagogue	synagogue

Substitutes.

ti like sh	calculation	excretion
abolitionist	celebration	facetious
absorption	civilization	factitious
additional	coagulation	fictitious
admonition	coalition	flagitious
aggravation	concretion	gyration
alligation	constellation	ignition
ammunition	consternation	impatience
animation	constriction	initial
annexation	contention	initiation
annihilation	contortion	licentious
annotation	contradiction	locomotion
anticipation	contrition	munition
application	credentials	nutrition
apportionment	declamation	palatial
apposition	dentition	perception
appropriation	depletion	potation
argumentation	desertion	potential
articulation	detrition	precaution
aspiration	devotional	preemption
assassination	dilution	preparation
association	disproportion	pretentious
attention	distention	promotion
augmentation	edition	propitious
avocation	Egyptian	prudential
benediction	elocution	recitation

rendition	optician	chivalric
reparation	patrician	debauchee
repletion	pernicious	falchion
respiration	physician	parachute
retraction	politician	*t like sh*
sentential	precocious	initiate
separation	proficient	negotiate
stationery	provincial	propitiate
substantial	pugnacious	satiate
superstition	rapacious	tertiary
tradition	sagacious	*c like sh*
ci like sh	sociable	appreciate
artificial	specialty	associate
atrocious	sufficient	depreciate
audacious	superficial	emaciate
avaricious	suspicion	*si like sh*
beneficial	suspicious	apprehension
co-efficient	tactician	aspersion
coercion	tenacious	commission
commercial	veracious	confessional
deficient	vivacious	depression
delicious	voracious	digression
efficient	*ce like sh*	dismission
especial	cetaceous	dispersion
judicial	cretaceous	dissension
judicious	crustacean	diversion
loquacious	herbaceous	emersion
magician	testacean	emission
malicious	*ch like sh*	excursion
official	champagne	immersion
omniscience	chicanery	missionary

oppression
passionate
permission
perversion
procession
repression
reversion
submission
subversion
suppression
transmission

si like zh

adhesion
affusion
cohesion
collusion
contusion
delusion
diffusion
dissuasion
effusion
elision
evasion
excision
exclusion
hosiery
illusion
invasion
persuasion
preclusion
profusion

revision
seclusion

s like zh

disclosure
displeasure
embrasure
erasure
inclosure
measurable
treasurer
usurious

s like z

aborigines
advertisement
advertiser
advisable
advisory
apposite
casualty
catholicism
causation
composite
compositor
compromise
contraries
cosmetic
cosmology
cosmopolite
depositor
devisor
discernible

disown
divisible
egotism
elysian
equipoise
excusable
exequies
exquisite
feasible
flimsiness
franchisement
fusible
hosanna
improvise
inquisitive
magnetism
mannerism
merchandise
microcosm
miserly
mosaic
observance
paroxysm
patriotism
perquisite
plagiarism
plausible
preposition
presbyter
preservation
presidency

presumable
prismatic
proposal
prosaic
reprisal
resemblance
residence
residual
resolvable
resolvent
resonance
revisory
risibility
supervise
talisman
vandalism
whimsical

ph like f

alphabetically
amphibious
apostrophe
atmospheric
autobiography
autographical
bibliographer
biographer
catastrophe
decipher
diaphragm
emphasis
emphatical

epitaph
geographical
lithograph
mephitic
metaphor
metaphysics
neophyte
paraphrase
periphrase
phenomenon
philippic
philology
philosopher
phlegmatic
phosphoric
photograph
physical
porphyry
seraphic
seraphim
sophistry
sophomore
spherical
stenography
sycophant
symphony
teraphim
topography
triumphant
typography
zoöphyte

ch like k

antichrist
archangel
archipelago
bacchanal
bronchial
bronchitis
catechetic
catechist
chameleon
chamomile
characteristic
characterize
chemical
chemistry
chimera
choleric
Christendom
Christianity
chromatic
chronicler
chronology
chrysalis
conchology
hierarchy
mechanics
mechanism
monarchist
orchestra
patriarch
Pentateuch

saccharine
scholarship
scholastic
scholium
sepulcher
sepulchral
technical

c like k

accommodate
acquittal
arithmetic
barricade
basaltic
bivouac
calisthenics
capillary
catacomb
cauliflower
coeval
collegiate
collocate
completely
concoction
concubine
congenial
contravene
copperas
cotyledon
criterion
discretion
distinction

domestic
eclectic
ecliptic
ecstatic
electrical
empirical
executrix
extinction
foreclosure
forensic
fricassee
heretic
hermetic
hydraulics
hypocrite
hysteric
inaccurate
inflections
locally
magnific
mercury
mesmeric
metrical
microscope
moccasin
Olympic
pancreas
paralytic
pathetic
percolate
projection

promiscuous
recollect
recreation
satiric
scaliness
sclerotic
scorpion
scrofulous
stalactite
syncope
tapioca
Teutonic
tobacconist
turmeric
tyrannic
ventiduct

c like s

adherence
adjacent
allegiance
antecedent
anticipate
artificer
atrocity
auspices
beneficent
celibacy
cellular
cemetery
censurable
centennial

ceremonial

cessation

cesura

Cisalpine

citation

civilian

cynosure

dalliance

decency

decently

deducible

defacement

deficit

diffidence

diligence

diocese

discipline

divergence

domicil

dulcimer

effacement

elicit

evanescent

excellence

exigence

exorcise

experience

explicit

fallacy

fascinate

ferocity

fervency

flagrancy

flippancy

forcibly

frankincense

frequency

halcyon

henceforward

illicit

imbecile

implicit

impotence

inception

incessant

indecent

infelicity

intercede

intercessor

interference

interlace

interstice

irascible

legacy

lyceum

macerate

medicinal

miscellany

municipal

munificent

necessaries

necessity

noticeable

ostracism

parricide

participate

paucity

percentage

permanence

pertinence

pestilence

post-office

potency

precedent

precentor

precipice

prejudice

prevalence

proboscis

procedure

putrescence

quiescent

quintessence

rapacity

reducible

regency

regicide

remittance

resuscitate

reverence

sagacity

seceder

simplicity

Socinian
solicitation
solicitous
sorcerer
spermaceti
stoicism
subsistence
sufferance
susceptible
taciturn
tendency
traceable
translucent
urgency
vacillate
velocity
verdancy
vicinage
vicinity
vociferate
voracity
witticism
c like s and k
accelerate
accentuate
accentuation
acceptableness
accessible
accidentally
acquittance
accuracy

aristocracy
ascetic
cancellation
captaincy
certificate
circumvent
clemency
codicil
cognizance
coherence
coincide
commencement
competence
complacent
conception
concerning
concerted
concession
conciliate
concisely
concision
concurrence
confluence
consistence
constancy
contingence
convalescent
convenience
convergence
crucifixion
cylindrical

decadence
delicacy
democracy
disconcert
eccentric
efficacy
excrescence
fascicle
feculence
incumbrance
occident
occipital
occiput
precocity
reciprocal
reconcile
secrecy
specific
successor
succinctly
succulence
theocracy
ou like u
abstemious
ambiguous
anomalous
anonymous
apterous
assiduous
bibulous
bituminous

burglarious
carnivorous
circuitous
clamorous
consciousness
conspicuous
contiguous
continuous
copious
courageously
courteous
courtesy
covetous
deciduous
decorous
desirous
devious
dolorous
enormous
envious
erroneous
fabulous
flexuous
frivolous
garrulous
gaseous
gloriously
gluttonous
gregarious
hazardous
hideous

igneous
impious
jealously
laborious
libelous
ligneous
luminous
melodious
membranous
mischievous
mutinous
mysterious
nebulous
notorious
obsequious
omnivorous
perfidious
pervious
portentous
precarious
prodigious
querulous
rapturous
ravenous
religious
rigorous
scurrilous
sedulous
stupendous
sumptuous
timorous

tremendous
tremulous
ulcerous
unanimous
unctuous
valorous
vexatious
vitreous

i like y

alienate
ameliorate
Arminian
auxiliary
brilliancy
carnelian
colliery
companion
dominion
espalier
genius
ingenious
medallion
peculiarly
pecuniary
plebeian
portfolio
postilion
quadrillion
rebellious
seniority
vermilion

Words Liable to be Misspelled not included in previous Review Lists.

accordion	flageolet	promissory
amateur	fidgety	protege
amethyst	forbidding	pugilist
anniversary	gazetteer	puissant
antiquity	gibberish	pyramid
antithesis	guarantor	regalia
artillerist	guerrilla	rehearsal
belladonna	hymeneal	remittent
biennial	jeopardy	rendezvous
britannia	labyrinth	requiem
cassowary	lieutenant	roguery
caterwaul	linguistic	Sadducee
chivalry	liquefy	salaried
coalesce	lyrical	shrubbery
cochineal	minstrelsy	somerset
colonial	mortgageor	stereotype
comptroller	myriad	stethoscope
conscientious	nonpareil	stiletto
coquetry	obsequies	symmetry
corduroy	oxygen	synonym
dishevel	paralysis	syringe
dizziness	parishioner	termagant
dyspepsia	paroquet	verdigris
effervesce	plagiary	villager
effloresce	polygamy	villainy
elixir	portmanteau	vilifier
empiric	premier	persistence
farrago	prescience	whip-poor-will

NAMES OF PERSONS.

Males.	*Females.*	
Al ex an' der	Ar a bel' la	Hen ri et' ta
A lon' zo	Cor de' li a	Mag da lene
Au gus' tin	Cor ne' li a	Me het' a bel
Bar thol' o mew	Deb o rah	Mi ran' da
Cor ne' li us	Eu ge' ni a	Mir i am
El e a' zar	Eu phe' mi a	Oc ta' vi a
E ze' ki el	E van' ge line	So phro' ni a
Hez e ki' ah	Fred er i' ca	The re' sa
Ho ra' tio	Geor gi an' a	Vic to' ri a
		Vir gin' i a

Common Abbreviations.

Adverb	Ad., or adv.	Grammar	Gram.
Agent	Agt.	Hebrews	Heb.
Alderman	Ald.	Hogshead	Hhd.
Assistant	Asst.	History	Hist.
Average	Av.	Honorable	Hon.
Bushel	Bu. or bush.	Interjection	Interj.
Catalogue	Cat.	Librarian	Lib.
Clergyman	Cl.	Longitude	Long.
Clerk	Clk.	Mathematics	Math.
Corinthians	Cor.	Matthew	Matt.
Credit	Cr.	Preposition	Prep.
Esquire	Esq.	President	Pres.
Galatians	Gal.	Professor	Prof.
Genesis	Gen.	Romans	Rom.
Gentleman	Gent.	Secretary	Sec.
Geography	Geog.	Senior	Sen.
Governor	Gov.	Superintendent	Supt.

SIXTH STEP.

The sound represented by *ē* as heard in *mēte*, expressed by

e

ab ste' mi ous ness
ac cre' tion
a ce' tous
a e' ri al
al the' a
am phi the' a ter
an te ced' ence
a phel' ion
ap o the' o sis
ap pre' ci a ble
Ath e ne' um
bre vi a ry
col le' gi an
con ge' ri es
con tu me' li ous
cor po re' i ty
cu ne' i form
Cy clo pe' an
del e te' ri ous
de te' ri o rate
diph the' ri a
dis o be' di ence

do dec a he' dron
du o de' num
e gre' gious ly
en cy clo pe' di a
e the' re al
Eu ro pe' an
ex e ge' sis
ex pe' di en cy
he li o trope
het e ro ge' ne ous
ho mo ge' ne al
hys te' ri a
im ma te' ri al
im me' di ate ly
im pe' ri al
in ap pre' ci a ble
in co her' ent
in con ven' ient
in de' cen cy
in gen' ious ly
in gre' di ent
in ter me' di ate
ir re me' di a ble

le ni en cy
mag is te' ri al
man ga nese'
mau so le' um
me di e' val
min is te' ri al
ob se' qui ous ly
oc ta he' dron
pan a ce' a
per i hel' ion
pol y he' dron
pos te' ri or
Pres by te' ri an
sac ri le' gious
si de' re al
spon ta ne' i ty
ste re o scope
tet ra he' dron
tra ge' di an
ul te' ri or
un de' vi at ing
un e' qual ly
un e' ven ness

ea

an neal'
arch dea' con
be lea' guer
con geal' a ble
dis ap pear' ance
im peach' a ble
in de fea' si ble
mal fea' sance
sea son a ble

ee

buc ca neer'
dis a gree' a ble
e lec tion eer'
en fee' ble ment
en gi neer' ing
ex ceed' ing ly

ei

con ceiv' a ble
de ceit' ful ly

in vei' gle
lei sure ly
Ma dei' ra
per ceiv' a ble
pre con ceive'
re ceiv' a ble
seign ior
seign ior al ty

ie

a chiev' a ble
ag griev' ance
brig a dier'
bom bar dier'
cap-a-pie'
cav a lier'
chan de lier'
chev a lier'
co te rie'
dis be liev' er
dis be lieve'

fin an cier'
gren a dier'
griev ance
ir re triev' a ble
un wield' y

i

cap u chin'
guil lo tine'
ma chin' er y
ma chin' ist
mag a zine'
man da rin'
me ri' no
scar la ti' na
tam bo rine'
trans ma rine'

oe

sub pœ' na

ui

pal an quin'

The sound represented by *ā* as heard in *pāle*, expressed by

a

ab er ra' tion
ab ju ra' tion
a bom i na' tion
a bra' sion
ab ro ga' tion
ac cel er a' tion
ac cli ma' tion
ad ju di ca' tion

ad ju ra' tion
ad min is tra' tion
ad min is tra' tor
a dul ter a' tion
ad van ta' geous ly
a er i form
a er o naut
af fil i a' tion
af fla' tus

ag glom er a' tion
ag gre ga' tion
al ge bra' ic
al ien a' tion
al le ga' tion
al le vi a' tion
al ter ca' tion
a mal ga ma' tion
am bu la' tion

a mel io ra′ tion

am pu ta′ tion

an nun ci a′ tion

ap pro pri a′ tion

ap prox i ma′ tion

a que ous

A ra′ bi an

ar bi tra′ tion

ar gil la′ ceous

ar ma′ da

as sim i la′ tion

at ten u a′ tion

at tes ta′ tion

au then ti ca′ tion

bac cha na′ li an

cal ca′ re ous

cal ci na′ tion

can de la′ brum

can on i za′ tion

cap i ta′ tion

ca pit u la′ tion

car bo na′ ceous

cen tral i za′ tion

ce ta′ ceous

cir cum ja′ cent

co di fi ca′ tion

cog i ta′ tion

col lo ca′ tion

col o ni za′ tion

com mem o ra′ tion

com men su ra′ tion

com mis er a′ tion

com mu ni ca′ tion

com mu ta′ tion

com pa′ tri ot

com pen sa′ tion

com pla′ cence

com pli ca′ tion

con cat e na′ tion

con cen tra′ tion

con cil i a′ tion

con fab u la′ tion

con fed er a′ tion

con fig u ra′ tion

con fis ca′ tion

con fla gra′ tion

con fu ta′ tion

con ge la′ tion

con grat u la′ tion

Con gre ga′ tion al

Con gre ga′ tion al ist

con ju ga′ tion

con ju ra′ tion

con se cra′ tion

con ser va′ tion

con sid er a′ tion

con so ci a′ tion

con sol i da′ tion

con sti pa′ tion

con sub stan ti a′ tion

con sum ma′ tion

con tam i na′ tion

con tin u a′ tion

con tu ma′ cious

con ver sa′ tion al

co ri a′ ceous

cor po ra′ tion

cor rob o ra′ tion

cor ru ga′ tion

cor us ca′ tion

co tem po ra′ ne ous

crys tal li za′ tion

cul mi na′ tion

cu mu la′ tion

cu ta′ ne ous

de can ta′ tion

de cap i ta′ tion

dec i ma′ tion

dec li na′ tion

de crep i ta′ tion

de fal ca′ tion

de fo li a′ tion

de i fi ca′ tion

del e ga′ tion

de lin e a′ tion

de mar ca′ tion

de mor al i za′ tion

de nom i na′ tion

den u da′ tion

de nun ci a′ tion

de pop u la′ tion

de por ta′ tion

dep ra va′ tion

de pre ci a' tion

dep re da' tion

dep ri va' tion

der i va' tion

des e cra' tion

des ic ca' tion

de sid e ra' tum

des o la' tion

des ti na' tion

de ter mi na' tion

det es ta' tion

dev as ta' tion

de vi a' tion

di a pa' son

di lap i da' tion

di o ra' ma

dis ad van ta' geous

dis ap pro ba' tion

dis ar range' ment

dis col or a' tion

dis crim i na' tion

dis fig u ra' tion

dis in cli na' tion

dis or gan i za' tion

dis pen sa' tion

dis pu ta' tion

dis sem i na' tion

dis ser ta' tion

dis sim u la' tion

dis si pa' tion

dis til la' tion

div i na' tion

dom i na' tion

du pli ca' tion

ed i fi ca' tion

ed u ca' tion al

ef fi ca' cious

e jac u la' tion

e lab o ra' tion

el e cam pane'

e lon ga' tion

e lu ci da' tion

e ma ci a' tion

em a na' tion

e man ci pa' tion

em bar ka' tion

em bla' zon ry

em i gra' tion

en er va' tion

en gag' ing

e nu mer a' tion

e nun ci a' tion

E pis co pa' li an

e qual i za' tion

e quiv o ca' tion

e ras' a ble

es ti ma' tion

e vac u a' tion

e vap o ra' tion

ex ag ger a' tion

ex al ta' tion

ex am i na' tion

ex ca va' tion

ex em pli fi ca' tion

ex fo li a' tion

ex ha la' tion

ex hil a ra' tion

ex on er a' tion

ex pa' ti ate

ex pa tri a' tion

ex pec to ra' tion

ex pi ra' tion

ex por ta' tion

ex post u la' tion

ex pur ga' tion

ex tem po ra' ne ous

ex ten u a' tion

ex ter mi na' tion

ex tir pa' tion

ex tra' ne ous

ex tri ca' tion

ex ul ta' tion

fab ri ca' tion

fal si fi ca' tion

far i na' ceous

fas ci na' tion

fa vor it ism

fed er a' tion

fer men ta' tion

flag el la' tion

fluct u a' tion

fo li a' ceous

fo li a' tion

fo men ta' tion

fore-or di na' tion

for ti fi ca' tion

fruc ti fi ca' tion

ful mi na' tion

fu mi ga' tion

gal li na' ceous

gen er al i za' tion

gen er a' tion

ger mi na' tion

ges tic u la' tion

gran u la' tion

grat i fi ca' tion

grav i ta' tion

gym na' si um

hal lu ci na' tion

hes i ta' tion

hi ber na' tion

hi la' ri ous

hu mil i a' tion

i den ti fi ca' tion

ig no ra' mus

il lu mi na' tion

il lus tra' tion

im ag i na' tion

im bri ca' tion

im mi gra' tion

im mo la' tion

im pa' tient ly

im pla' ca ble

im pli ca' tion

im por ta' tion

im pre ca' tion

im preg na' tion

im pu ta' tion

in al' ien a ble

in au gu ra' tion

in can ta' tion

in car cer a' tion

in car na' tion

in cli na' tion

in cor po ra' tion

in crus ta' tion

in cu ba' tion

in cul ca' tion

in den ta' tion

in di ca' tion

in dig na' tion

in ef face' a ble

in fat u a' tion

in flam ma' tion

in gra' ti ate

in ha la' tion

in i ti a' tion

in no va' tion

in sa' ti a ble

in sin u a' tion

in spi ra' tion

in stal la' tion

in stan ta' ne ous

in sti ga' tion

in sub or di na' tion

in su la' tion

in ter change' a ble

in ter lin e a' tion

in ter ro ga' tion

in ti ma' tion

in tox i ca' tion

in va' ri a ble

in ves ti ga' tion

in vi ta' tion

in vo ca' tion

ir ra di a' tion

jus ti fi ca' tion

lac er a' tion

lam en ta' tion

leg is la' tion

le ga' tion

lim it a' tion

liq ui da' tion

lit er a' ti

lit i ga' tion

mach i na' tion

ma ni ac

man i fes ta' tion

ma nip u la' tion

mas ti ca' tion

mat u ra' tion

me di a' tion

mel ior a' tion

men da' cious

men su ra' tion

min is tra' tion

mis cel la′ ne ous

mod i fi ca′ tion

mod u la′ tion

mol es ta′ tion

mol li fi ca′ tion

mon o ma′ ni a

mor ti fi ca′ tion

mul ti fa′ ri ous

mul ti pli ca′ tion

mus co va′ do

mu ti la′ tion

nat u ral i za′ tion

nav i ga′ tion

ne fa′ ri ous

ne go ti a′ tion

neu tral i za′ tion

no men clat′ ure

no ti fi ca′ tion

nul li fi ca′ tion

ob li ga′ tion

ob lit er a′ tion

ob scu ra′ tion

ob ser va′ tion

oc cu pa′ tion

oc to ge na′ ri an

or di na′ tion

or gan i za′ tion

os cil la′ tion

os si fi ca′ tion

os ten ta′ tious

pal la′ di um

pal pi ta′ tion

par a pher na′ li a

par tic i pa′ tion

pec u la′ tion

per co la′ tion

per e gri na′ tion

per fo ra′ tion

per mu ta′ tion

per o ra′ tion

per pe tra′ tion

per pet u a′ tion

per son i fi ca′ tion

per spi ra′ tion

per ti na′ cious

per tur ba′ tion

Phar i sa′ ic al

po lar i za′ tion

pre des ti na′ tion

pre var i ca′ tion

pro ba′ tion a ry

proc la ma′ tion

pro cras ti na′ tion

prof a na′ tion

pro nun ci a′ tion

prop a ga′ tion

pro pi ti a′ tion

prot es ta′ tion

punct u a′ tion

ram i fi ca′ tion

ra ti oc i na′ tion

ra tion a′ le

rec on cil i a′ tion

re mu ner a′ tion

re nun ci a′ tion

res er va′ tion

res to ra′ tion

re sus ci ta′ tion

re tal i a′ tion

rev o ca′ tion

Sab ba ta′ ri an

sap o na′ ceous

sat u ra′ tion

Sat ur na′ li a

scin til la′ tion

seq ues tra′ tion

sig ni fi ca′ tion

sim pli fi ca′ tion

sim u la′ tion

si mul ta′ ne ous

sol em ni za′ tion

so lic i ta′ tion

spec i fi ca′ tion

spec u la′ tion

spo li a′ tion

spon ta′ ne ous

sta tion a ry

stip u la′ tion

strat i fi ca′ tion

sub or di na′ tion

sub ter ra′ ne ous

su per er o ga′ tion

sup pli ca′ tion

sup pu ra' tion

syl lab i ca' tion

Tar ta' re an

ter gi ver sa' tion

ter ra' que ous

tes ta' ceous

tit il la' tion

trans fig u ra' tion

trans mi gra' tion

trans mu ta' tion

tran sub stan ti a' tion

Trin i ta' ri an

trit u ra' tion

ul ti ma' tum

u ni fi ca' tion

U ni ta' ri an

u sur pa' tion

u til i ta' ri an

vac il la' tion

val u a' tion

va ri a ble

va ri e ga' tion

va ri o loid

veg e ta' tion

ver i fi ca' tion

ver si fi ca' tion

ves i ca' tion

vet er i na' ri an

vi ca' ri ous

vi o la' ceous

vi ti a' tion

vi tu per a' tion

vo cif er a' tion

ai

ac quaint' ance

aid-de-camp

ap prais' al

ap prais' er

ar raign' ment

as sail' a ble

as sail' ant

at tain' der

cham paign'

com plain' ant

con strain' er

con tain' a ble

coun ter vail'

dain ti ness

dis dain' ful

en tail' ment

en ter tain' ment

faith ful ness

fore-or dain'

leg er de main'

mail a ble

main te nance

ob tain' a ble

ey

con vey' ance

pur vey' or

sur vey' or

ay

as say' er

be tray'

gay e ty

may or al ty

e

pro te ge'

tete-a-tete

The sound represented by *ȧ* as heard in *cráft*, expressed b̦y

a

a mass' ment

chan cel lor

chan cer y

chand ler y

com mand' er

craft i ness

de mand' ant

en chant' ment

en hance' ment

ev er last' ing

im pass' a ble

mass ive ness

mas ter piece

pass a bly

pas tor al

pas tor ate

past ur age

The sound represented by *â* as heard in *câre*, expressed by

e	mill ion aire′	dar ing ly
par terre′	stair-way	trans par′ ent ly
ai	*a*	*ea*
chair man	ap par′ ent ly	for bear′ ance
hair i ness	care ful ness	wear a ble

The sound represented by *ä* as heard in *fär*, expressed by

a	charge a ble	mar quet ry
a ghast′	char la tan	mar tyr dom
ar bi tra ry	char nel-house	mo narch′ ic
ar bi tra tor	com man dant′	pa la′ ver
ar bi tress	com part′ ment	pan o ra′ ma
ar che type	co part′ ner ship	par lia ment
ar chi tect	dis em bark′	par si mo ny
ar chi trave	em balm′ er	par tial ly
ar chives	en large′ ment	par ti ci ple
ar gen tine	far ci cal	par ti tive
ar mis tice	har bin ger	per i car′ di um
bar ba rous	hard i hood	phar ma cy
bar be cue	har le quin	psalm o dist
bom bard′ ment	har mo nize	sar do nyx
can ta′ ta	harp si chord	so pra′ no
car bun cle	im par′ tial ly	tar la tan
car bu ret	in car′ cer ate	*ea*
car di ac	lar′ ce ny	dis heart′ en
car di nal	mar gin al	hearth-stone
car nal ly	mar jo ram	*au*
cart wright	mar ket a ble	daunt less ly
ca thar′ tic	mar ma lade	laugh a ble

The sound represented by *û* as heard in *fûrl*, expressed by

u	im per tur' ba ble	*ou*
ac curs' ed	pur ga to ry	court e ous ly
al bur' num	re gur' gi tate	tour na ment
ap pur' te nance	tac i turn' i ty	*o*
cur so ri ly	tur bu lence	whort le ber ry

The sound represented by *ẽ* as heard in *tẽrm*,[1] expressed by

e	im per' ti nence	trans fer' a ble
a cerb' i ty	im per' vi ous	tu ber' cu lar
ad verb' i al ly	in de ter' mi nate	U ni ver' sal ist
ad ver' sa tive	in er' ti a	u ni ver' si ty
ad vert' ence	in ter' po late	ver ti cal
an i mad ver' sion	in ver' sion	ver si fy
con serv' a to ry	i so therm' al	ver si fi er
con tro ver' sial	ma ter' ni ty	*i*
con tro vert' i ble	mer ce na ry	af firm' ant
con verg' ent	mer chant a ble	cir cu late
con vers' a ble	ob serv' a ble	cir cum flex
dis cern' i ble	ob serv' a to ry	cir cum spect
di ver' si fy	per me a ble	cir cum stance
di ver' si ty	per ver' si ty	con firm' a tive
e mer' gen cy	re fer' ri ble	en cir' cle
e ter' nal ly	re ver' ber a to ry	ex tir' pate
e ter' ni ty	re vers' i ble	firm a ment
ex ter' mi nate	serv ice a ble	in firm' a ry
fra ter' ni ty '	sub serv' i ence	whirl i gig
gut ta per' cha	su per' flu ous	*y*
hy per' bo la	ter ma gan cy	myr mi don
hy per' bo le	ter mi na ble	myr tle ber ry

[1] For a discussion of this sound see *Manual of Reading.*

The sound represented by $a̭$ as heard in *fall*, expressed by

o		
ab nor' mal	ex tor' tion er	re form' a to ry
ab sorp' tive	form al ly	u ni form' i ty
ac cord' ant	for mu la ry	*au*
a qua-for' tis	hor ta to ry	bac ca lau' re ate
con form' a bly	hor ti cul ture	de bauch' er y
con form' i ty	im mor' tal ize	fraud u lence
co-or' di nate	im port' u nate	in aud' i ble
cord wain er	in cor' po ral	in au' gu rate
dis or' der ly	in cor' po rate	laud a to ry
dor mi to ry	in dorse' ment	naught i ness
e nor' mi ty	in or' di nate ly	*aw*
ex hor' ta to ry	met a mor' phose	awk ward ness
ex or' bi tance	or di na ri ly	taw dri ly
ex or' di um	or tho e pist	*ao*
	pri mor' di al	ex traor' di na ry

The sound represented by $ō$ as heard in *lōne*, expressed by

o		
ac ri mo' ni ous	bro mine	di plo' ma cy
æ o' li an	cen so' ri ous	dis com pos' ure
al a mode'	cer e mo' ni ous	dis pro por' tion al
am bro' sia	col lo' qui al ism	ed i to' ri al
am bro' sial	com port' a ble	em po' ri um
an cho' vy	con sis to' ri al	en co' mi ast
An ti no' mi an	co pi ous ly	en gross' ment
ap ro pos'	cor po' re al ly	er ro' ne ous ly
ba ro' ni al	cor ro' sive	E thi o' pi an
bi no' mi al	cus to' di an	eu lo' gi um
brag ga do' ci o	de co' rous ly	ex co' ri ate
	dic ta to' ri al	ex fo' li ate

fe lo′ ni ous

gu ber na to′ ri al

har mo′ ni ous

hy dro pho′ bi a

im me mo′ ri al

im port′ a ble

in com mo′ di ous

in con sol′ a ble

in de co′ rous

in har mo′ ni ous

in sup port′ a ble

in ter lop′ er

lo co mo′ tion

mac ca ro′ ni

mag no′ li a

mat ri mo′ ni al

me di a to′ ri al

me mo′ ri al ize

mer i to′ ri ous

mo ment a ri ly

mon i to′ ri al

ne go′ ti a ble

op pro′ bri ous ly

o ra to′ ri o

pan de mo′ ni um

pa ro′ chi al

par si mo′ ni ous

pis ca to′ ri al

pneu mo′ ni a

pol y no′ mi al

ro se ate

sac er do′ tal

sa lu ta to′ ri an

sanc ti mo′ ni ous

sen a to′ ri al

sten to′ ri an

sym pho′ ni ous

ter ri to′ ri al

the o lo′ gi an

tri fo′ li ate

tri no′ mi al

up hol′ ster er

U to′ pi an

vic to′ ri ous

vir tu o′ so

oa

en croach′ ment

hoar i ness

ir re proach′ a ble

eau

cha teau′

The sound represented by o͞o as heard in *fool,* expressed by

oo

buf foon′ er y

mood i ness

noon tide

o

dis ap prov′ al

im mov′ a ble

im prov′ a ble

im prove′ ment

u

ab struse′ ly

ce ru′ le an

con gru′ i ty

cru ci ble

cru ci form

cru ci fi er

cru di ty

ex cru′ ci at ing

fer ru′ gi nous

fru gal ly

gar ru′ li ty

im pru′ dence

im pru′ dent ly

in scru′ ta ble

in tru′ sion

ju ris pru′ dence

ob tru′ sive

pe ru′ sal

ru bri cate

ru di ment

scru pu lous

scru ti nize

ou

ac cou′ ter ments

bou doir

cou ri er

aou	*eu*	*uo*
caout chouc	rheu ma tism	buoy an cy

The sound represented by ĭ as heard in *pĭn,* expressed by

i		
ab o li' tion ism	au then tic' i ty	con spir' a cy
ab o rig' i nal	bel lig' er ent	con stit' u en cy
ab scind'	ben e fi' ci a ry	con tin' u al ly
ab scis' sion	be nig' ni ty	con tra dic' to ry
ac cept a bil' i ty	bis muth	con tra dis tinc' tion
ac cliv' i ty	cal lig' ra phy	con trib' u to ry
a cid' i ty	ca pil' la ment	con vert i bil' i ty
ac count a bil' i ty	ca pri' cious	cor rupt i bil' i ty
ac quis' i tive	cath o lic' i ty	cred i bil' i ty
ad mis si bil' i ty	cen trif' u gal	crit ic al ly
ad ven ti' tious	cen trip' e tal	cul pa bil' i ty
af fa bil' i ty	chiv al rous	curv i lin' e ar
af fil' i ate	cic a trice	de bil' i tate
a gil' i ty	cic a trize	de com po si' tion
al tis' si mo	cil ia ry	de fi' cien cy
am phib' i an	cir cum scrip' tion	de fin' i tive ly
ap pa ri' tion	co-ef fi' cien cy	de lib' er ate ly
ar bit' ra ment	co in' ci dence	de lin' quen cy
arch bish' op ric	com mis' er ate	de lir' i ous
a rid' i ty	com pat i bil' i ty	de lir' i um
as sim' i late	com press i bil' i ty	dem o li' tion
as trin' gen cy	con cil' i a to ry	den tic' u la ted
at trib' u ta ble	co nif' er ous	dep o si' tion
au ric' u lar	con san guin' e ous	der e lic' tion
au rif' er ous	con san guin' i ty	di a crit' ic al
au spi' cious	con sid' er ate ly	dil a to ry
	con spic' u ous ness	dil i gent ly

dis con tin′ u ance

dis ha bille′

dis in′ te grate

dis in′ ter est ed

dis qui si′ tion

dis so nance

dis till′ er y

dis tin′ guish a ble

di vis i bil′ i ty

do cil′ i ty

do min′ ic al

duc til′ i ty

du plic′ i ty

du ra bil′ i ty

eb ul li′ tion

ec cen tric′ i ty

ef fi′ cien cy

e go tist′ ic al

e las tic′ i ty

e lec tric′ i ty

el i gi bil′ i ty

e lim′ i nate

el lip′ tic al

em pir′ i cism

E piph′ a ny

e pis′ co pa cy

e pis′ to la ry

e pit′ o mist

e qua bil′ i ty

e qua nim′ i ty

e qui lib′ ri ty

e qui lib′ ri um

e quiv′ o cal ly

er u di′ tion

er y sip′ e las

eu lo gis′ tic

e vis′ cer ate

ex cit a bil′ i ty

ex hi bi′ tion

ex pan si bil′ i ty

ex pe di′ tious ly

ex plic′ it ly

ex ten si bil′ i ty

ex tin′ guish a ble

fal li bil′ i ty

fas tid′ i ous

fea si bil′ i ty

fe lic′ i tous

fer til′ i ty

flac cid′ i ty

flex i bil′ i ty

flo rid′ i ty

flu id′ i ty

fos sil if′ er ous

fra gil′ i ty

fri gid′ i ty

fu si bil′ i ty

gen er al is′ si mo

gen til′ i ty

ge om e tri′ cian

gram i niv′ o rous

gran dil′ o quent

gra niv′ o rous

gul li bil′ i ty

ha bil′ i ment

ha bit′ u al ly

her biv′ o rous

her e dit′ a ment

hu mid′ i ty

hy per crit′ ic al

hyp o crit′ ic al

id i o cy

ig no min′ i ous

ig no min y

il le git′ i mate

il lib′ er al

il lim′ it a ble

il lit′ er a cy

im be cil′ i ty

im mo bil′ i ty

im mu ta bil′ i ty

im pas si bil′ i ty

im pen e tra bil′ i ty

im pla ca bil′ i ty

im plic′ it ly

im po si′ tion

im pos si bil′ i ty

im po ten cy

im prac ti ca bil′ i ty

im pris′ on ment

im prob a bil′ i ty

im pu dent ly

in a bil′ i ty

in ac tiv′ i ty

in ad mis′ si ble

in ar tic′ u late

in au spi′ cious

in ca pa bil′ i ty

in cip′ i en cy

in ci vil′ i ty

in com pat i bil′ i ty

in con sid′ er ate

in con sist′ ent

in cred i bil′ i ty

in cur a bil′ i ty

in de cis′ ion

in dic′ a tive

in dif′ fer ent

in dig′ e nous

in dig′ ni ty

in dis crim′ i nate ly

in dis po si′ tion

in dis′ pu ta ble

in dis′ so lu ble

in dis tinct′ ly

in dis tin′ guish a ble

in fal li bil′ i ty

in fe lic′ i tous

in flam ma bil′ i ty

in flex i bil′ i ty

in fu si bil′ i ty

in im′ i ta ble

in iq′ ui tous

in i′ ti a to ry

in ju di′ cious

in qui si′ tion

in quis′ i tive ness

in sec tiv′ o rous

in sen si bil′ i ty

in sid′ i ous

in sig′ ni a

in sig nif′ i cance

in so lent ly

in sta bil′ i ty

in stinct′ ive ly

in suf fi′ cien cy

in ter mis′ sion

in ter mit′ tent

in ti ma cy

in tim′ i date

in tre pid′ i ty

in tri ca cy

in trin′ sic al ly

in tu i′ tion

in va lid′ i ty

in ven to ry

in vid′ i ous

in vig′ or ate

in vin′ ci ble

in vis i bil′ i ty

ir re sist′ i ble

ir ri ta bil′ i ty

Is ra el ite

i tin′ er ate

ju di′ ci a ry

ju di′ cious ly

ju ris dic′ tion

jux ta po si′ tion

leg i bil′ i ty

le git′ i ma cy

lig a ment

lin e a ment

lit er al ly

lit er a ture

li tig′ ious

lo gi′ cian

mag na nim′ i ty

mag nif′ i cence

mag nil′ o quent

ma li′ cious ly

ma lig′ ni ty

mal le a bil′ i ty

man u mis′ sion

math e ma ti′ cian

ma tric′ u late

mech a ni′ cian

me dic′ i nal ly

met a phy si′ cian

mil li ner y

min i a ture

mul ti plic′ i ty

mu nif′ i cence

mu ta bil′ i ty

na tiv′ i ty

no vi′ ci ate

o bit′ u a ry

ob liq' ui ty
ob liv' i ous
oc cip' i tal
o dor if' er ous
of fi' cial ly
om nip' o tence
o pin' ion a ted
or bic' u lar
o vip' a rous
pa cif' i ca tor
par ti cip' i al
pec ca dil' lo
per cip' i ent
pe riph' er y
per mis' si ble
per pen dic' u lar
per spic' u ous
pes tif' er ous
pla ca bil' i ty
pla cid' i ty
plas tic' i ty
plau si bil' i ty
pli a bil' i ty
pol y the ist' ic
pon tif' ic al
pos si bil' i ty
prac ti' tion er
pre cip' i tan cy
pre cip' i tate
pre cip' i tous
pre cis' ion

pre dic' a ment
prej u di' cial
pre mo ni' tion
prob a bil' i ty
pro fi' cien cy
pro hi bi' tion
pro lix' i ty
pro pi' ti a to ry
punc til' ious
rab bin' ic al
re cip' ro cal ly
re frig' er a tor
rem i nis' cence
req ui si' tion
re sid' u a ry
re spect a bil' i ty
re spon si bil' i ty
rhet o ri' cian
ris i bil' i ty
rus tic' i ty
sac ri fi' cial
san guin' e ous
sar sa pa ril' la
sa tir' ic al ly
sci en tif' ic al
scur ril' i ty
sen si bil' i ty
shib bo leth
sig nif' i cance
si li' cious
si mil' i tude

so cia bil' i ty
so lid' i ty
so lil' o quize
sol u bil' i ty
som nif' er ous
som nil' o quist
so phist' ic al ly
sop o rif' er ous
spe cif' ic al ly
sphe ric' i ty
sto lid' i ty
sub sid' i a ry
suf fi' cien cy
su per cil' i ous
su per fi' cial ly
su per fi' cies
su per scrip' tion
su per sti' tious ly
su per vis' ion
sup po si' tion
sur rep ti' tious ly
sus cep ti bil' i ty
sus pi' cious ly
syl lo gist' ic
tan gi bil' i ty
the ist' ic al
tract a bil' i ty
trac til' i ty
tra di' tion a ry
tran quil' li ty
trans mis' si ble

trans po si' tion

vir u lence

id i o syn' cra sy

trit u rate

vis cid' i ty

met a phys' ic al

u biq' ui ty

vis i bil' i ty

mon o syl' la bie

um bel lif' er ous

vi vip' a rous

o lym' pi ad

u na nim' i ty

vo cif' er ous

pan e gyr' ic

val e dic' to ry

vol u bil' i ty

po lyg' a mist

ven tril' o quism

y

po lyg' o nal

ver mic' u lar

an a lyt' ic al

pol y syl' la ble

ver mip' a rous

a poc a lyp' tic

syc o phan cy

ver miv' o rous

dis syl' la ble

syn chro nism

ver sa til' i ty

dys en ter y

tri syl' la ble

vi cis' si tude

E lys' i um

typ ic al ly

vin di cate

glyc er ine

typ i fy

vin di ca to ry

hi er o glyph' ic

tyr an nous

The sound represented by ĕ as heard in *mĕt,* expressed by

e

a men' i ty

bis sex' tile

ab er' rant

A mer' i can ism

cat e chet' ic al

ac cent' u al

ap pel' lant

cen o taph

ac ces' sa ry

ap pel' late

chal ced' o ny

ac ces' so ry

ar bo res' cent

chi mer' ic al

ac cred' it

as a fet' i da

cir cum ven' tion

a ceph' a lous

as bes' tos

co a les' cence

ac qui es' cence

as cet' i cism

com mend' a to ry

ad den' dum

as sev' er ate

com men' su ra ble

ad o les' cence

at mos pher' ic al

com pend' i ous

æs thet' ics

aug ment' a tive

com plex' i ty

al i ment' ive ness

belles-let' tres

com pli ment' al

a man u en' sis

be nef' i cence

com pre hen' sive

am bi dex' ter

ben i son

con cen' tric

am bi dex' trous

bi ceph' a lous

con dem' na to ry

con de scen' sion

con fec' tion a ry

con fed' er a cy

con gen' i tal

con ject' ur al

con sci en' tious ness

con sec' u tive ly

con se quen' tial ly

con tem' pla tive

con tem' po ra ry

con tempt' u ous

con tra ven' tion

con va les' cence

con vent' i cle

con ven' tion al ism

con vex' i ty

cor rel' a tive

cot y led' o nous

cred u lous

de cen' ni al

ded i ca to ry

de fect' ive ly

def er en' tial

de gen' er a cy

de lect' a ble

dep re ca to ry

de press' ive

des ue tude

des ul to ry

det ri ment' al

de vel' op ment

dex ter ous ly

di a met' ric al

di e tet' ics

di gest' i ble

dis af fec' tion

dis con tent' ed

dis cred' it a ble

dis crep' an cy

dis cre' tion a ry

dis in fec' tion

dis in gen' u ous

dis pen' sa ry

dis rep' u ta ble

dis re spect' ful

dis sem' i nate

dis sen' tient

dis sev' er ance

doc u ment' a ry

do mes' ti cate

du o dec' i mal

du o dec' i mo

dys pep' tic

ef fect' u al ly

ef fem' i na cy

ef fer ves' cence

ef flo res' cence

e lect' o ral

e lec' tro type

el e ment' a ry

em bel' lish ment

em bez' zle ment

e mend' a to ry

em i nent ly

em is sa ry

em u la tive

en er get' ic

en ter pris ing

en vi a ble

e phem' e ral

e ques' tri an

eq ui ta ble

es pe' cial ly

es pi on age

es sen' tial ly

es ti ma ble

est u a ry

ev a nes' cence

e van gel' ic al

e vent' u ate

ex cel len cy

ex cep' tion a ble

ex cess' ive ly

ex cheq' uer

ex cre to ry

ex e cra ble

ex ec' u tive

ex e get' ic al

ex em' pla ry

ex i gen cy

ex pect' an cy

ex pend' i ture

ex per i ment' al

ex pi a to ry
ex pli ca ble
ex pli ca tive
ex press' ive ly
ex qui site ly
ex trem' i ty
ex tri ca ble
fi del' i ty
fil a ment' ous
fun da ment' al
gen er a tor
gen u ine ness
hem i spher' ic al
hep tarch y
he ret' ic al
her it a ble
her met' ic al ly
hes i tan cy
het er o dox y
hy po thet' ic al
il leg' i bly
im men' si ty
im pen' e tra ble
im pen' i tence
im per' a tive ly
im per cept' i ble
im per fec' tion
im per' ish a ble
im pet' u ous
im preg' na ble
im press' i ble

in ac cess' i ble
in at ten' tion
in can des' cence
in cen' di a ry
in ces' sant ly
in ci dent' al ly
in clem' en cy
in com men' su rate
in com pre hen' si ble
in com press' i ble
in con test' a ble
in cred' i ble
in cred' u lous
in de fen' si ble
in def' i nite
in del' i ble
in del' i ca cy
in dem' ni fy
in dem' ni ty
in de pend' ent
in di gest' i ble
in di rect' ly
in dis cre' tion
in dis pen' sa ble
in ef' fa ble
in ev' i ta ble
in ex' o ra ble
in ex' pi a ble
in ex' pli ca ble
in ex' tri ca ble
in fer en' tial

in fi del' i ty
in fin i tes' i mal
in flo res' cence
in flu en' tial
in flu en' za
in gen' u ous ness
in her' it ance
in nu en' do
in sur rec' tion
in tel lect' u al ly
in tel' li gence
in ten' si ty
in ten' tion al ly
in ter ces' sion
in ter reg' num
in ter ven' tion
in tro spec' tion
in vet' er ate
ir ref' ra ga ble
ir rel' e van cy
ir rep' a ra ble
ir re press' i ble
ir re spect' ive
ir rev' er ent
ir rev' o ca ble
leg is la ture
li cen' ti ate
lieu ten' an cy
lon gev' i ty
mag net' ic al
ma lev' o lent

man i fes' to

med ic al ly

mel an chol y

men su ra ble

met al lur gy

mil len' ni al

mo lec' u lar

nec es sa ri ly

ne ces' si tate

nec ro man cer

non en' ti ty

ob jec' tion a ble

ob so les' cent

ob strep' er ous

oc ci dent' al

om ni pres' ence

o po del' doc

os ten' si ble

par al lel' o gram

par en thet' ic al

par lia ment' a ry

pe des' tri an

pen i ten' tia ry

per cep' ti ble

per emp' to ri ly

pes ti len' tial

pet ti fog ger

phos pho res' cence

plen i po ten' ti a ry

po et' ic al

pol y tech' nic

po ten' tial ly

pred e ces' sor

pre des' ti nate

pre di lec' tion

pre-em' i nent

pref a to ry

pre med' i tate

pre pos sess' ing

pres by ter y

pre sent' a ble

pre sent' i ment

pres i den' tial

pri mo gen' i ture

pro fes' sion al

pro gen' i tor

pro pen' si ty

prov i den' tial

pyr o tech' nics

quad ren' ni al

re fec' tion

re gen' er ate

rel e van cy

re med' i less

re pel' len cy

re plen' ish

rep re hen' si ble

rep u ta ble

res tau rant

res ur rec' tion

ret i na

ret ro spec' tion

rev er en' tial

seg re gate

Sep tu a gint

se ren' i ty

sti pend' i a ry

suc cess' ful ly

suc ces' sive ly

su per in tend' ent

sup ple ment' a ry

su prem' a cy

sym met' ric al ly

sym pa thet' ic

syn ec' do che

syn thet' ic al ly

tem per a ment

tem per a ture

tem pest' u ous

tem po ra ri ly

ter res' tri al

the o ret' ic al

tran scend ent' al

tran scend' ent ly

ver mi cel' li

vet er i na ry

ue

co quet' ish

da guer' re an

da guerre' o type

ea

health ful ness

im meas' ur a ble

The sound represented by ă as heard in *măt*, expressed by

a

ab so lute ness	al ka li	as ter oid
ab so lu tism	al ka line	au to bi o graph' ic
ab strac' tion	al le go ry	au to mat' ic
ab stract' ive	a mal' ga mate	ax i o mat' ic
ac ci dence	am a rauth	ben e fac' tion
ac clam' a to ry	am a tive ness	bib li o graph' ic al
ac cu rate ness	am ber gris	bi o graph' ic al
ach ro mat' ic	am bi ent	car a van' sa ry
ac ri mo ny	am bu la to ry	car i ole
ac ro bat	am pli tude	car nal' i ty
act u a ry	a nal' o gous	car ti lag' i nous
act u ate	a nath' e ma tize	cas tel la ted
ad a man' tine	anch o rite	cat a lep sy
a dapt' ed ness	an i mal' cu lar	cau sal' i ty
ad e qua cy	an i mal ize	cir cu lar' i ty
ad jec tive ly	an i mate	cir cum am' bi ent
ad mi ral ty	an nal ist	cir cum am' bu late
ad u la to ry	an nu lose	cir cum nav' i gate
ad vo ca cy	an tag' o nism	cir cum stan' tial
af flu ent	an tag' o nize	col lat' er al
af flux	an ti mo ny	con pan' ion a ble
ag gran diz er	aph o rism	com par' a tive ly
a lac' ri ty	ap o logue	com pas' sion ate
al che mist	ap o thegm	con cat' e nate
al che my	ap pe ten cy	con cav' i ty
al ge bra ist	aq ui line	con fab' u late
al i bi	ar a besque	con ge ni al' i ty
al i quot	as phalt' um	con grat' u la to ry
	as so nant	con stab' u la ry

con tract′ ile
con tral′ to
con viv i al′ i ty
cor di al′ i ty
coun ter bal′ ance
crim i nal′ i ty
de clam′ a to ry
de fam′ a to ry
dem o crat′ ic
di ag′ o nal ly
dis fran′ chise ment
dis par′ age ment
dis par′ i ty
dis sat is fac′ tion
dog mat′ ic al
dra mat′ ic al
dy nam′ ics
ec cle si as′ tic
e jac′ u la to ry
em bar′ rass ment
em bas′ sa dor
em blem at′ ic
em phat′ ic al ly
en fran′ chise ment
e nig mat′ ic al
en thu si ast′ ic
ep i gram mat′ ic
e qui lat′ er al
e rad′ i cate
es tab′ lish ment
ex as′ per ate

ex clam′ a to ry
ex plan′ a to ry
ex trav′ a gant
fa mil iar′ i ty
fa nat′ i cism
fan tas′ tic al
fash ion a bly
frag ment a ry
fru gal′ i ty
ge lat′ i nous
ge o graph′ ic al
glad i a tor
gram mat′ ic al ly
hep tag′ o nal
her maph′ ro dite
hex ag′ o nal
hex am′ e ter
ho me o path′ ic
hos pi tal′ i ty
hu man′ i ty
hy dro stat′ ics
id i o mat′ ic
il le gal′ i ty
il lib er al′ i ty
im ag′ i na ry
im mac′ u late
im mo ral′ i ty
im mor tal′ i ty
im pal′ pa ble
im par ti al′ i ty
im prac′ ti ca ble

in ac′ cu ra cy
in ad′ e qua cy
in an′ i mate
in an′ i ty
in ap′ pli ca ble
in apt′ i tude
in cal′ cu la ble
in ca pac′ i ty
in com pat′ i ble
in di vid u al′ i ty
in fant′ i cide
in flam′ ma to ry
in for mal′ i ty
in fran′ gi ble
in grat′ i tude
in hab′ it a ble
in hu man′ i ty
in stru men tal′ i ty
in tan′ gi ble
in tract′ a ble
in tran′ si tive
i tal′ i cize
lab o ra to ry
lach ry mal
lam i na ted
lap i da ry
liq ue fac′ tion
lith o graph′ ic
lo quac′ i ty
lym phat′ ic
mac ad′ am ize

mad re pore

mad ri gal

mag is tra cy

mag nan' i mous

mal a chite

man age a ble

man da to ry

man u fac' to ry

mar riage a ble

math e mat' ic al

me chan' ic al ly

men ag' e rie

men dac' i ty

mi as' ma

min er al' o gist

mi rac' u lous

mis an' thro pist

Mo ham' med an

mo nas' ti cism

mon o syl lab' ic

mo ral' i ty

mu ci lag' i nous

mu nic i pal' i ty

na tion al' i ty

nat u ral ly

nav i ga ble

neu ral' gi a

o ce an' ic

oc tag' o nal

oc tan' gu lar

o le ag' i nous

ol fac' to ry

o pac' i ty

oph thal' mi a

o rang'-ou tang

o rig i nal' i ty

pan cre at' ic

par ti al' i ty

pe cul iar' i ty

per i phras' tic

per ti nac' i ty

pet ri fac' tion

Phar i sa ism

phi lan' thro pist

phy lac' ter y

pi rat' ic al

plan et a ry

po et as' ter

pol y an' thus

prin ci pal' i ty

prob lem at' ic al

prod i gal' i ty

pug nac' i ty

punct u al' i ty

pu tre fac' tion

py ram' i dal

quad ran' gu lar

quad ri lat' er al

quad ri valv' u lar

rar e fac' tion

ra tion al ist

re fran' gi ble

re tal' i a to ry

sal a man der

sal ta to ry

sanct u a ry

san gui na ry

sat is fac' to ri ly

schis mat' ic al

scho las' ti cism

sen su al' i ty

sin gu lar' i ty.

som nam' bu lism

spec tac' u lar

spir it u al' i ty

sten o graph' ic

stu pe fac' tion

sub stan' ti ate

su per an' nu at ed

sys tem at' ic al ly

tab er na cle

ta ran' tu la

tech ni cal' i ty

te nac' i ty

the at' ric al

top o graph' ic al

tran si to ry

typ o graph' ic al

u ni ver sal' i ty

ve nal' i ty

ve rac' i ty

ver nac' u lar

vo cab' u la ry

The sound represented by ŏ as heard in *nŏt*, expressed by

o		
ag glom' er ate	con com' i tant	e qui noc' tial
an a tom' ic al	con glom' er ate	eth nol' o gy
a nom' a lism	cou gru ous	et y mol' o gy
an tho log' ic al	con sol' a to ry	ex pos' i to ry
an thol' o gy	con vo lu ted	fri vol' i ty
au thro pol' o gy	co-op' er a tive	gen e a log' ic al
a poc' a lypse	cor re spond' ence	geu er os' i ty
A poc' ry pha	cor rob' o rant	ge o log' ic al
ar chæ ol' o gy	cos mog' o ny	har mon' ic al
as tro log' ic al	cos mog' ra pher	hip po pot' a mus
as tro nom' ic al	cos mop' o lite	his tri ou' ic
a tom' ic al	cra ni ol' o gy	ho me op' a thy
au to bi og' ra pher	crys tal log' ra phy	hon or a ry
au toc' ra cy	de mon ol' o gy	hy drop' a thy
ca non' ic al	de mon' stra ble	hy per bol' ic al
chi rog' ra phy	de pos' i ta ry	hyp o chou' dri a
chi rop' o dist	de rog' a to ry	hy poc' ri sy
cho rog' ra phy	dis em bod' ied	hy pot' e nuse
chro nol' o ger	di a bol' ic al	hy poth' e cate
chron o log' ic al	di a ton' ic	ich thy ol' o gy
chro nom' e ter	dis hou' est y	i dol' a trous
cog ni za ble	dis hou' or a ble	il log' ic al
com men ta tor	dox ol' o gy	im mod' est y
com mis sa ry	e co nom' ic al	im pet u os' i ty
com pa ra ble	e con' o mist	im pol' i tic
com plai sance	el ee mos' y na ry	im pon' der a ble
com plai sant	e mol' u ment	im pos' si ble
cou chol' o gist	en to mol' o gist	im pov' er ish
	ep i glot' tis	im prob' a ble

im prov′ i dent

in cog′ ni to

in com′ pa ra ble

in com′ pe tent

in con′ gru ous

in con′ stan cy

in doc′ tri nate

in dom′ i ta ble

in hos′ pi ta ble

in nox′ ious

in oc′ u late

in sol′ u ble

in solv′ en cy

in ter rog′ a tive

in tol′ er a ble

in vol′ un ta ri ly

i ron′ ic al

ir re spon′ si ble

lex i cog′ ra pher

li thog′ ra phy

log ic al ly

ma hog′ a ny

Ma hom′ ed an

me di oc′ ri ty

me te or ol′ o gy

me thod′ ic al ly

me ton′ y my

met ro pol′ i tan

mi cro scop′ ic

mis an throp′ ic

mod er a tor

mon as ter y

mon i to ry

mon o gram

mon o graph

mon o logue

mo nop′ o lize

mon o the ism

mo not′ o nous

mon stros′ i ty

myth o log′ ic al

my thol′ o gist

neb u los′ i ty

ne crol′ o gy

nom i nal ly

nom i na tive

ob li ga to ry

oc cu pan cy

ol i garch y

on er a ry

or ni thol′ o gist

or thog′ ra phy

os te ol′ o gist

pa le on tol′ o gy

par a bol′ ic al

par a dox′ ic al

pa thol′ o gy

ped a gog′ ic

pe ri od′ ic al

phil an throp′ ic

phil o log′ ic al

phil o soph′ ic al ly

phi los′ o phize

pho nog′ ra phy

pho tog′ ra phy

phra se ol′ o gy

phre nol′ o gist

phys i og′ no mist

phys i o log′ ic al

phys i ol′ o gist

po mol′ o gist

post hu mous

pre dom′ i nant

pre mon′ i to ry

pre pon′ der ance

prof li ga cy

prog nos′ tic ate

rec i proc′ i ty

re cog′ ni zance

re con′ nais sance

re pos′ i to ry

sar coph′ a gus

scru pu los′ i ty

sin u os′ i ty

sol i ta ri ness

ste nog′ ra pher

ste re o scop′ ic

sym bol′ ic al ly

syn on′ y mous

tau to log′ ic al

tech no log′ ic al

tech nol′ o gy

tel e scop′ ic al

ter mi nol' o gy   to pog' ra pher   ul tra mon' tane
ter ra-cot' ta   tox i col' o gy   ve loc' i pede
the od' o lite   trig o nom' e try   vol un ta ri ly
the o log' ic al   ty pog' ra pher   zo o log' ic al

The sound represented by *ŭ* as heard in *nŭt*, expressed by

u

ab rupt' ness
ac cum' bent
ad judge'
an nun' ci ate
an te pe nult'
arch duch' ess
ca lum' ni ate
cir cum' flu ent
com bus' ti ble
com pul' sa to ry
con junct' ure
con struct' ive
con vul' sive
cor pus' cu lar
cul ti va ble
cur mud' geon
cus tom a ri ly
de struc' ti ble
ef ful' gence
es cutch' eon
ex cul' pa to ry
fe cun' di ty
func tion a ry

hort i cult' ur al
hort i cult' ur ist
il lus' tra tive
il lus' tri ous
in com bus' ti ble
in cor rupt' i ble
in cul' pa ble
in duct' ive ly
in dus' tri ous ly
in suf' fer a ble
in tro duc' to ry
in vul' ner a ble
jus ti fi a ble
op pug' nant
pe nult' i mate
pub lish er
pul mo na ry
pulp ous ness
pun ish ment
ro tund' i ty
sub ju gate
sub lu na ry
suf fer a ble
sumpt u a ry

su per struct' ure
tri um' vi rate
ul tra mun' dane
un du la to ry
un luck' i ly
vo lupt' u a ry
vo lupt' u ous
vul ner a ble

o

ac com' pa ni ment
ac com' pa nist
cov e nant er
cov et ous ness
dis com' fit ure
dis cov' er er
drom e da ry
ef front' er y
mon et a ry
mon ey less
slov en li ness
spon gi ness

ou

dis cour' age ment
en cour' age ment

The sound represented by ŏ as heard in *crŏss*,[1] expressed by

o	diph thon' gal	ma jor' i ty
ab hor' rence	dog ger el	mi nor' i ty
ac cost' a ble	dog ma tism	or a cle
a cros' tic	Dor ic	or a tor' i cal
al le gor' ic al	em boss'	or a to ry
au thor' i ta tive	flor id	or i fice
au thor' i ty	for age	or i gin
be troth' al	for eign er	or i son
ca lor' ic	for est er	or re ry
cat e gor' ic al	froth y	par e gor' ic
chor is ter	gloss a ry	phos phor' ic
cor al line	his tor' ic	por ridge
cor o nal	hor o scope	pri or' i ty
cor o ner	hor ri ble	rhe tor' ic al
cor o net	hor ror	su pe ri or' i ty
cor ri dor	in fe ri or' i ty	triph thon' gal
cor ru gate	log a rithm	tor re fy
cos tal	log ger head	wrong ly

The sound represented by ī as heard in *pīne*, expressed by

i	de sir' a ble	im pro pri' e ty
ad vis' ed ly	dis o blig' ing	in de clin' a ble
ad vise' ment	dis qui' e tude	in de scrib' a ble
ap pli' ance	di vid' a ble	in dict' a ble
cir cum scribe'	en vi' ron ment	in e bri' e ty
ci ta to ry	fi er i ness	in qui' e tude
con tra ri' e ty	hi e rarch	in vi' o la ble
de ci' sive ly	hi e ro glyph	lig num-vi' tæ

[1] For a discussion of this sound see *Manual of Reading.*

mi gra to ry	right eous ness	hy gi ene
no to ri′ e ty	spright li ness	l*y rate
par ri cid′ al	vi bra to ry	*ei* ·
pro pri′ e ta ry	*y*	ei der-down
re spir′ a to ry	dy nas ty	ka leid′ o scope

The sound represented by *ou* as heard in *out*, expressed by

ou	en coun′ ter	dis al low′
a cous′ tic	es pous′ al	dis al low′ ance
an nounce′ ment	in sur mount′ a ble	dis a vow′
coun te nance	mount e bank	dis a vow′ al
coun ter feit er	re doubt′ a ble	em bow′ el
coun ter poise	round e lay	em bow′ er
de nounce′ ment	*ow*	em pow′ er
de vout′ ly	a vow′ ed ly	en dow′ ment
dis coun′ te nance	cow ard li ness	how itz er

The sound represented by *oi* as heard in *point*, expressed by

oi	loi ter er	*oy*
a droit′ ness	moi e ty	an noy′ ance
an noint′ ed	moist en ing	clair voy′ ance
ap point′ ment	nois i ly	coy ness
a void′ ance	poign ant	dis loy′ al ty
av oir du pois′	poign an cy	em ploy′ er
bois ter ous	poi son ous	en joy′ ment
con joint′ ly	re con noi′ ter	loy al ty
de spoil′ er	sphe roi′ dal	roy al ty
dis ap point′	spoil er	*eoi*
em broid′ er	un a void′ a ble	bour geois′

The sound represented by ū as heard in *mūte*, expressed by

u

ab so lu′ tion
ac cu′ mu la tive
ac cus′ ant
ac cu′ sa tive
ad du′ ci ble
ad ju′ di cate
al le lu′ ia
al lur′ ing
al lu′ sion
al lu′ vi al
an nu′ i ty
as si du′ i ty
at tri bu′ tion
cat e chu′ men
ce su′ ra
cir cum lo cu′ tion
com mu′ ni ca ble
com mu′ ni ca tive
com put′ a ble
con clu′ sive ly
con cu′ bi nage
con nu′ bi al
con sti tu′ tion al
con ti gu′ i ty
con ti nu′ i ty
con vo lu′ tion
des ti tu′ tion
di lu′ vi um

dim i nu′ tion
dis so lu′ tion
dis tri bu′ tion
ef flu′ vi um
el o cu′ tion a ry
en dur′ a ble
en thu′ si asm
ep i cu′ re an
ev o lu′ tion
ex clu′ sive ly
ex com mu′ ni cate
ex e cu′ tion er
ex u′ ber ant ly
for tu′ i tous
fu tu′ ri ty
gra tu′ i tous
hal le lu′ jah
Her cu′ le an
hu mor ous ly
il lu′ mi nate
il lu′ so ry
im ma tu′ ri ty
im mu′ ni ty
in con gru′ i ty
in cre du′ li ty
in du′ bi ta ble
in ju′ ri ous ly
in su′ per a ble
in tu′ i tive ly

in vo lu′ tion
ju di ca to ry
le gu′ mi nous
lon gi tu′ di nal
lu di crous ly
lu gu′ bri ous
lux u′ ri ous ly
ob scu′ ri ty
op por tune′ ly
op por tu′ ni ty
per pe tu′ i ty
per spi cu′ i ty
re cu′ per a tive
re ju′ ven ate
res ti tu′ tion
ret ri bu′ tion
sa lu′ bri ous
sa lu′ ta to ry
sub sti tu′ tion
sul phu′ re ous
su per flu′ i ty
vo lu′ mi nous

eu

eu cha rist
eu lo gist
eu pho ny
feud al ism
ich neu′ mon
pleu ri sy

REVIEW LESSONS.

Substitutes.

ti like sh

aberration
abstraction
amelioration
apparition
attribution
benefaction
circumstantial
consequentially
consubstantiation
coruscation
deferential
demolition
depravation
discretionary
dissentient
ebullition
electioneer
equinoctial
essentially
exceptionable
exhilaration
exoneration
extirpation
flagellation
fluctuation
functionary

hallucination
immigration
impartially
impatiently
inflammation
innovation
insulation
interrogation
irradiation
jurisdiction
liquefaction
liquidation
naturalization
penitentiary
peregrination
peroration
perturbation
practitioner
putrefaction
rationale
rationalist
stationary
substantially
superstitiously
suppuration
surreptitiously
tergiversation

titillation

t like sh

expatiate
impartiality
inertia
ingratiate
initiatory
insatiable
licentiate
negotiable
novitiate
partiality
plenipotentiary
propitiatory
substantiate

t and ti like sh

initiation
negotiation
propitiation
ratiocination
transubstantiation
vitiation

c like sh

annunciate
appreciable
beneficiary
braggadocio

excruciating
inappreciable
judiciary
c and ti like sh
denunciation
depreciation
emaciation
enunciation
pronunciation
renunciation
ce like sh
argillaceous
carbonaceous
cetaceous
coriaceous
farinaceous
foliaceous
gallinaceous
saponaceous
testaceous
violaceous
ci like sh
auspicious
capricious
co-efficiency
contumacious
deficiency
efficacious
efficiency
especially
geometrician

inauspicious
injudicious
insufficiency
judiciously
logician
maliciously
mathematician
mendacious
officially
pertinacious
prejudicial
proficiency
sacrificial
silicious
sociability
sufficiency
superficially
superficies
suspiciously
ch like sh
capuchin
champaign
chandelier
charlatan
chateau
chevalier
chivalrous
machinery
machinist
marchioness
meerschaum

si like sh
animadversion
compassionate
condescension
controversial
intercession
intermission
inversion
manumission
s like z
abolitionism
absolutism
accusant
accusative
acquisitive
advisedly
advisement
Americanism
anomalism
antagonism
appraise
avoirdupois
benison
bismuth
causality
colloquialism
commiserate
complaisant
congeries
conventionalism
cosmogony

cosmopolite

counterpoise

decomposition

deposition

discernible

disdainful

divisibility

dogmatism

empiricism

enfranchisement

enterprising

enthusiasm

expository

exquisitely

fanaticism

favoritism

feasibility

feudalism

fusibility

gymnasium

imposition

imprisonment

indefeasible

indivisible

infusibility

inquisition

inquisitiveness

invisibility

Israelite

juxtaposition

leisurely

malfeasance

manganese

miasma

monotheism

noisily

observable

omnipresence

orison

perusal

plausibility

polytheism

presbytery

presidential

repository

requisition

reservation

residuary

resurrection

risibility

roseate

usurpation

ventriloquism

visibility

s like zh

abscission

elysium

immeasurable

indecision

pleasurable

precision

supervision

si like zh

abrasion

allusion

ambrosia

ambrosial

intrusion

c like s

acerbity

adequacy

adolescence

advertence

antecedence

appurtenance

arborescent

armistice

asceticism

askance

astringency

authenticity

centrifugal

censorious

centripetal

cerulean

chancellor

chancery

deceitfully

decimation

degeneracy

delinquency

diplomacy

docility

duodecimal
duplicity
effeminacy
effervescence
effulgence
elasticity
emergency
enhancement
exceedingly
excellency
excessively
exigency
evanescence
eviscerate
explicitly
fascination
financier
forbearance
fraudulence
glycerine
grievance
idiocy
illiteracy
imbecility
impenitence
imperceptible
impertinence
inadvertence
incendiary
incipiency
indecency

ineffaceable
inflorescence
irrelevancy
jurisprudence
laceration
larceny
legitimacy
leniency
lieutenancy
loquacity
magnificence
maintenance
mendacity
mercenary
monasticism
multiplicity
munificence
necessitate
obsolescent
opacity
oscillation
panacea
parricidal
participial
perceivable
perceptible
plasticity
precipitancy
predecessor
reciprocity
relevancy

reminiscence
repellency
resuscitation
sacerdotal
serviceable
taciturnity
termagancy
turbulence
vacillation
variance
velocipede
vermicelli
vicissitude
virulence
viscidity

c like k

acclamatory
acclivity
accompaniment
accoutrements
accurateness
accursed
acoustic
acrostic
adjectively
æsthetics
aid-de-camp
allegorical
analytical
apocalypse
apocalyptic

automatic

barbecue

buccaneer

calcareous

carbuncle

cardiac

commandant

conformably

conjecturally

containable

cordwainer

coterie

courteously

cursorily

curvilinear

custodian

denticulated

desiccation

diacritical

diametrical

discouragement

discourteous

dominical

ecclesiastic

elecampane

encomiast

equivocate

escutcheon

heretical

homeopathic

horoscope

hydrostatics

hypercritical

hypocrisy

hypothecate

hypothetical

incombustible

incompressible

inconsistent

incurability

inductively

inexplicable

inscrutable

maccaroni

medically

molecular

mollification

muscovado

mythological

nomenclature

obscuration

opodeldoc

ossification

panegyric

pedagogic

polytheistic

proclamation

rubricate

satirically

scrutinize

scurrility

stereoscopic

supplication

syllabication

symmetrically

sympathetic

synthetically

telescopical

tubercular

turmeric

typically

valedictory

vermicular

versification

vertical

vesication

c like s and k

acceleration

accessary

accidence

acquiescence

advocacy

autocracy

calcination

catholicity

cicatrix

cicatrize

circumlocutior

circumscribe

clairvoyance

coalescence

coincidence

complacence

	ch like k	
complaisance		malachite
conceivable	achromatic	mechanically
concentric	alchemist	mechanician
conciliation	alchemy	melancholy
conciliatory	anchorite	monarchic
confederacy	anchovy	oligarchy
consociation	archæology	parochial
convalescence	archetype	polytechnic
crucible	architect	pyrotechnic
crucifier	architrave	scholasticism
Cyclopean	archives	synecdoche
cyclopedia	bacchanalian	synchronism
discrepancy	catechetical	technicality
eccentricity	catechumen	technology
electricity	chalcedony	*ph like f*
episcopacy	chimerical	acephalous
flaccidity	chirography ·	amphibian
inaccessible	chiropodist	amphitheater
inaccuracy	chorister	aphelion
incandescence	chorography	aphorism
incapacity	chronologer	Apocrypha
incarcerate	chronometer	asphaltum
inclemency	conchologist	atmospherical
intricacy	eucharist	autobiographer
necromancer	harpsichord	bibliographical
occipital	heptarchy	caligraphy
recognizance	hierarch	cenotaph
reconciliation	ichneumon	cosmographer
specifically	ichthyology	crystallography
specification	lachrymal	emphatically
successively	machination	ephemeral

Epiphany

euphony

geographical

hemispherical

hermaphrodite

hieroglyph

hydrophobia

lexicographer

lithographer

lithographic

lymphatic

metamorphose

metaphorically

metaphysical

metaphysician

monograph

ophthalmia

orthography

paraphernalia

periphery

periphrastic

Pharisaical

pharmacy

philanthropic

philological

philosophical

phonography

phosphorescence

photography

phraseology

phrenologist

phylactery

physiognomist

physiological

sarcophagus

sophistically

sphericity

spheroidal

stenographic

stenographer

sulphurous

sycophancy

symphonious

topographer

typographer

ou like ŭ

acetous

acrimonious

adventitious

ambidextrous

analogous

auriferous

beauteous

boisterous

cartilaginous

ceremonious

compendious

congruous

coniferous

contemptuous

cotyledonous

covetousness

decorously

deleteriously

delirious

disingenuous

expeditiously

felicitous

ferruginous

filamentous

fortuitous

fossiliferous

gelatinous

graminivorous

granivorous

herbivorous

hilarious

humorously

idolatrous

ignominious

illustrious

incredulous

indigenous

industriously

infelicitous

ingenuousness

iniquitous

innoxious

insectivorous

insidious

invidious

leguminous

ludicrously

miscellaneous	voluptuous	etymology
monotonous	*i like y*	eulogistic
mucilaginous	alienation	eulogium
oblivious	alleluia	exaggeration
obstreperous	ciliary	generalization
odoriferous	companionable	gesticulation
oleaginous	familiarity	heterogeneous
oviparous	inalienable	magistracy
poisonous	ingeniously	metallurgy
posthumous	melioration	neuralgia
precipitous	millionaire	panegyric
scrupulous	opinionated	porridge
subterraneous	peculiarity	sacrilegious
supercilious	perihelion	Septuagint
synonymous	punctilious	syllogistic
tempestuous	*g like j*	tautological
terraqueous	advantageously	technological
umbelliferous	algebraic	theological
vermiparous	collegian	toxicology
viviparous	congeniality	zoölogical

Words Liable to be Misspelled not included in any previous Review List.

abscind	amanuensis	arabesque
æolian	amaranth	arraignment
aerie	apologue	baccalaureate
aeronaut	apothegm	beleaguer
achievable	apotheosis	belles-lettres
alchemist	apropos	boudoir
aliquot	aquiline	bourgeois

breviary

brigadier

buoyancy

caoutchouc

cap-a-pie

connoisseur

conscientiousness

counterfeiter

daguerrean

daguerreotype

desuetude

diphtheria

diphthongal

dishabille

dishonesty

dissyllable

dysentery

dyspeptic

egregiously

eider-down

eleemosynary

electrotype

epiglottis

equestrian

equitable

erysipelas

espionage

eulogist

exchequer

foreigner

generalissimo

guillotine

gutta-percha

hallelujah

harlequin

howitzer

hygiene

hyperbole

hypothenuse

hysteria

idiosyncrasy

inconvenient

indictable

innuendo

inveigle

isothermal

kaleidoscope

lachrymatory

lignum-vitæ

litigious

logarithm

Madeira

madrepore

marriageable

martyrdom

menagerie

metonymy

monologue

myrmidon

neutralization

obliquity

Olympiad

orang-outang

palanquin

parallelogram

parliament

pleurisy

pneumonia

poignant

polygamist

polygonal

polysyllable

psalmodist

reconnaissance

reconnoiter

restaurant

rhetorician

rheumatism

sanguinary

sardonyx

sarsaparilla

scientifical

schismatical

seignior

sequestration

soliloquize

subpœna

somniloquist

symbolically

tournament

triphthongal

ubiquity

whortleberry

LATIN ABBREVIATIONS.

A. B. (*Artium Baccalaureus.*) Bachelor of Arts.

A. D. (*Anno Domini.*) In the year of our Lord.

A. M. (*Artium Magister.*) Master of Arts.

   (*Ante Meridiem.*) Before noon.

   (*Anno Mundi.*) In the year of the world.

Con. (*Contra.*) Against; in opposition.

D. D. (*Divinitatis Doctor.*) Doctor of Divinity.

D. V. (*Deo volente.*) God willing.

e. g. (*exempli gratiâ.*) For example.

Etc., etc., or &c. (*Et cætera.*) And others; and so forth.

Ib., ib., Ibd., or ibd. (*Ibidem.*) In the same place.

Id., or id. (*Idem.*) The same.

I. e., or i. e. (*Id est.*) That is.

I. H. S. (*Iesus* [or *Jesus*] *Hominum Salvator.*) Jesus the Sa-
  viour of men.

incog. (*Incognito.*) Unknown.

In trans., or intrans. (*In transitu.*) On the passage.

LL. B. (*Legum Baccalaureus.*) Bachelor of Laws.

LL. D. (*Legum Doctor.*) Doctor of Laws.

L. S. (*Locus Sigilli.*) Place of the Seal.

M. D. (*Medicinæ Doctor.*) Doctor of Medicine.

N. B. (*Nota bene.*) Note well, or take notice.

Per cent. (*Per centum.*) By the hundred.

Ph. D. (*Philosophiæ Doctor.*) Doctor of Philosophy.

P. M. (*Post Meridiem.*) Afternoon.

Pro tem., or pro tem. (*Pro tempore.*) For the time being.

Prox. (*Proximo.*) Next, or of the next month.

Ult., or ult. (*Ultimo.*) Last, or of the last month.

Viz. (*Videlicet.*) To wit; Namely.